## Ansiedad en las relaciones

*Cómo la ansiedad arruina las relaciones y por qué necesitas dejar de sentirte inseguro y apegado al amor. ¡Aprende a identificar los comportamientos irracionales que desencadenan la ansiedad con estrategias prácticas AHORA MISMO!*

© **Copyright 2019 - Todos los derechos reservados.**

El contenido de este libro no puede ser reproducido, duplicado o transmitido sin permiso directo por escrito del autor o del editor.

Bajo ninguna circunstancia se podrá culpar o responsabilizar legalmente al editor o al autor por cualquier daño, reparación o pérdida monetaria debido a la información contenida en este libro. Ya sea directa o indirectamente.

Aviso legal:

Este libro está protegido por derechos de autor. Este libro es sólo para uso personal. No se puede enmendar, distribuir, vender, usar, citar o parafrasear ninguna parte, o el contenido dentro de este libro, sin el consentimiento del autor o editor.

Aviso de exención de responsabilidad:

Por favor, tenga en cuenta que la información contenida en este documento es sólo para fines educativos y de entretenimiento. Se ha hecho todo lo posible por presentar una información precisa, actualizada y fiable y completa. No se declaran ni se implican garantías de ningún tipo. Los lectores reconocen que el autor no se compromete a dar consejos legales, financieros, médicos o profesionales. El contenido de este libro se ha obtenido de varias fuentes. Por favor, consulte a un profesional autorizado antes de intentar cualquier técnica descrita en este libro.

Al leer este documento, el lector está de acuerdo en que bajo ninguna circunstancia el autor es responsable de ninguna pérdida, directa o indirecta, en la que se incurra como resultado del uso de la información contenida en este documento, incluyendo, pero no limitándose a, - errores, omisiones o inexactitudes.

# Índice

*Introducción* ............................................................. 1

*Capítulo 1: Ansiedad e inseguridad en las relaciones* ............................................................. 6

## Comprender por qué te sientes ansioso, inseguro y apegado en las relaciones ........ 15

Voces internas que son críticas con la relación ................................. 22
Voces internas que son críticas sobre tu pareja .................................. 22
Voces internas sobre ti mismo .................................................................. 22

## Señales de apego inseguro ...................... 24

*Capítulo 2: Por qué actúas irracionalmente* .......... 29

## Los comportamientos irracionales que son causados por la ansiedad ........................ 33

Preocupación excesiva y obsesiva ........................................................ 33
Irritabilidad injustificada ...................................................................... 35
Agresión física ............................................................................................ 36
Depresión .................................................................................................... 36
Comportamiento compulsivo ............................................................... 37
Agorafobia ................................................................................................... 38

## Comprender a tu pareja ........................... 38

Ir de vacaciones juntos ........................................................................... 49
Salir con sus amigos más antiguos ..................................................... 50
Hacer un viaje a su ciudad natal .......................................................... 51

Sé un mejor oyente ............................................................. 51
Prueben los pasatiempos del otro ................................... 51
Crear pasatiempos compartidos ..................................... 52
Vigílalos - no de una manera sospechosa ........................... 52
Pasar mucho tiempo de calidad juntos ............................. 53
Construir un juego de trivia de parejas ........................... 53
Sean honestos el uno con el otro ...................................... 54

## *Capítulo 3: Autoevaluación de la ansiedad en una relación ................................................................. 55*

### Cómo saber si te estás poniendo ansioso en una relación ............................................... 56

### Posibles causas de la ansiedad en las relaciones ................................................. 59

### Efectos de la ansiedad en las relaciones y cómo detenerla ............................................. 62

### Estrategias prácticas para resolver los problemas de ansiedad en una relación .... 68

### Una autoevaluación de la relación ............. 72

## *Capítulo 4: Identificar los comportamientos que desencadenan la ansiedad ................................. 83*

### Cómo poner fin a estos comportamientos 92

Recarga los recursos emocionales. ...................................... 96
Deja que tu pareja te vea como un apoyo también. .................. 96

Deja que tu pareja participe en lo que estás pensando ......................97
Pedir apoyo está completamente bien - pero hay límites ..................98
Es normal sentirse vulnerable ............................................................98
Las discusiones incómodas pueden acercarte ......................................99
Dile a tu pareja lo que te desencadena.................................................100
Asegúrate de que te estás cuidando ....................................................100
Comprende que tu pareja tendrá limitaciones ....................................101
Ríanse juntos ...................................................................................... 102

# Un ejercicio de respiración profunda ..... 103

# Relajación muscular progresiva: Técnicas paso a paso ................................................. 105

# Cómo dejar de preocuparse tanto ........... 106

# Formas de manejar la preocupación....... 109

Dormir más.......................................................................................... 109
Reconocer la raíz de la preocupación..................................................110
Escríbelo .............................................................................................. 111
Sigue el tren del pensamiento .............................................................112
Escoge algo que puedas controlar .......................................................113

## *Capítulo 5: Conflictos en las relaciones* ................ 115

# ¿Cuáles son las razones de los conflictos entre parejas? ...........................................116

Conflictos causados por la vida profesional........................................117
Infidelidad y comportamiento inapropiado ......................................118
Cuando tu pareja ya no cumpla con tus expectativas........................119

# Lo que los conflictos hacen a la ansiedad.121

Aumento del ritmo cardíaco ............................................................. 121
Energía o movimiento nervioso ....................................................... 122
Ataques de pánico y ansiedad .......................................................... 122
Comportamiento defensivo .............................................................. 123
Apagarse ............................................................................................. 124

# La clave para superar una fuerte disputa en una relación ................................................. 125

Las acciones necesarias para superar los conflictos entre parejas .... 126
Resolución de conflictos en relaciones sanas ........................................ 128

## *Capítulo 6: Estrategias para mejorar las relaciones existentes* ........................................................ 134

# Lecciones prácticas y ejercicios .............. 146

## *Capítulo 7: Cultivando relaciones nuevas y saludables* ............................................................. 165

# Disfruta de estar enamorado .................. 174

# Consejos para una relación larga y feliz .. 176

Evita las molestias ............................................................................ 176
Entiende que tu pareja tiene su propia personalidad ...................... 176
Acepta los errores de tu pareja ........................................................ 177
No toleres el comportamiento destructivo ..................................... 177
Tómate un tiempo de descanso emocional ..................................... 178
No ates las condiciones a los regalos .............................................. 179
Sé sincero .......................................................................................... 180
Sé fiel y sincero ................................................................................. 180
Abordar los problemas ..................................................................... 181

Aprecia lo que ves en tu pareja ............................................................. 182
Excursiones románticas ................................................................. 183

## Por qué el amor se convierte en trabajo .. 183
Después de Nube 9 viene la dura realidad............................................ 183
Cuando el efecto de la "droga del amor" disminuye......................... 184
Enamorarse una y otra vez ............................................................. 185

## Errores en las relaciones amorosas ........ 185
Necesitas absolutamente una pareja para ser feliz .......................... 186
Un niño puede salvar una relación.................................................... 186
Las dependencias no te hacen feliz ................................................... 187
La relación y el sexo no necesariamente deben estar juntos ............ 187

## Hablar con una nueva pareja sobre su ansiedad ................................................. 188
Comienza por explicarle lo que significa la ansiedad para ti ............. 189
Repasa tus síntomas........................................................................ 189
Cuéntale sobre sus desencadenantes ............................................... 190
Hazle saber cómo puede ayudar....................................................... 190

### *Capítulo 8: Tú mereces una relación sana ............. 191*

## ¿Qué hace que una relación sea saludable? ................................................................. 194
Desarrolla el vínculo que deseas ....................................................... 195
Confía en ti mismo - y en tu pareja .................................................. 197

### *Conclusión ................................................... 203*
### *Referencias .................................................. 205*

# Introducción

Estar en una relación con alguien cuando se tienen problemas de ansiedad o un trastorno de ansiedad puede ser en sí mismo muy deprimente. A menudo, puedes tener la impresión de que la ansiedad es una tercera persona en la relación, una personalidad imaginaria que se interpone entre tú y tu pareja. Esta persona es responsable de toda la confusión y los problemas que experimentas en tu relación.

La ansiedad puede causar períodos de pánico, sentimientos de miedo o una sensación de estar abrumado, intranquilo o tenso. La ansiedad puede apoderarse de tus pensamientos y extenderse a muchas otras áreas de tu vida, afectando así tu razonamiento y productividad. Infunde tensión en las relaciones y las pone en gran riesgo. Cuando la ansiedad prospera en una relación, se rompe la confianza y la conexión que toda relación necesita. Cuando la ansiedad se instala, le quita a tu mente los aspectos más importantes de tu relación, y te vuelve menos sintonizado con las necesidades y deseos de tu pareja. El miedo y la preocupación están a la orden del día.

Te sientes abrumado, preocupado por lo que está sucediendo, pero te resulta difícil prestar atención a lo que está sucediendo. Cuando esto ocurre, tu pareja puede sentir que no estás presente. Cuando estás ansioso en tu relación, te puede resultar difícil expresar tus verdaderos sentimientos. Si no expresas lo que realmente sientes o necesitas, la ansiedad se intensifica y tus emociones pueden empezar a perder el control si sigues reprimiéndolas. Esto hace que te sientas abrumado y a la defensiva.

Las relaciones íntimas son capaces de reflejar lo mejor y lo peor de todos nosotros. Son espejos que pueden alimentar nuestras luchas o calmarlas. La ansiedad es un veneno que puede robar la alegría y la conexión entre dos personas que pertenecen al mismo grupo. Tal vez has estado con tu pareja por un largo período de tiempo, pero constantemente luchas con la noción de que tu pareja no está a la altura de tus expectativas y no será capaz de llenar ese vacío en tu corazón.

Tal vez también sospeches que tú eres parte del problema. Tal vez te sientas inseguro en el amor; te sientas terriblemente solo y deseas que un compañero y amante te acompañe en la aventura y el viaje de la vida. Constantemente te preguntas si alguien estaría realmente ahí para ti si bajas la guardia y eres tú mismo. ¿Sería capaz de encontrar consuelo, tranquilidad y apoyo de ellos en su vulnerabilidad? Reflexionas sobre estas cosas en cada oportunidad.

El objetivo principal de este libro es hacerte saber que puedes superar cualquier ansiedad que hayas enfrentado o estés atravesando en tus relaciones. Mucha gente como tú ha sido capaz de enfrentar sus miedos, mirarlos a los ojos y conquistar toda la ansiedad y fuerza limitante que bloquea tu alegría. Este libro no es sólo para parejas o compañeros románticos; también es para solteros que esperan una relación sana y saludable en el futuro.

Este libro es una guía con estrategias prácticas y ejercicios que puedes relacionar y que te ayudarán en tu camino de crecimiento y sanación.

Cuando implementas conscientemente todo lo que se ha escrito en este libro y te tomas todos los ejercicios a pecho, habrás conquistado gran parte de la ansiedad que ha estado arruinando tus relaciones. Empezarás a sentirte menos inseguro y apegado al amor. Al leer este libro, serás capaz de identificar las conductas irracionales que desencadenan la ansiedad y tomar medidas concretas y positivas para eliminarlas.

Quiero que sepas que puedes disfrutar de una vida amorosa sana, saludable y valiosa, una relación en la que no estés necesitado y no te sientas inseguro o apegado. Puedes tener una relación amorosa en la que te veas a ti mismo creciendo y añadiendo valor positivo, con tu pareja haciendo lo mismo.

Entenderás las luchas de tu relación a medida que recorras las páginas de este libro, y también es una oportunidad para que descubras tu potencial. Eres digno de un gran amor, un amor valioso, de calidad y un amor interminable, un amor tan verdadero y puro que resistirá la prueba del tiempo. Serás capaz de identificar los obstáculos para cultivar relaciones felices y cómo evitarlos. A través de la conciencia de ti mismo, serás capaz de desarrollar una relación más segura e íntima con tu pareja y amante.

Este libro también te ayudará a iluminar tu vida amorosa y a mantener tu corazón y tu mente llenos de amor, paz, seguridad y valor. Para aprovechar al máximo este libro, tómate tu tiempo para leerlo, toma notas mientras lee cada página, y trátalo como una guía y comprométete a realizar todos los ejercicios y estrategias de corazón. Seguramente verás cambios positivos en tus relaciones si pones todo tu empeño en vencer la ansiedad. Lleva un diario para documentar tus pensamientos mientras lees, y escribe tu próximo curso de acción en relación con tus relaciones. ¡Comencemos, y buena suerte en tu viaje hacia una vida mejor!

# Capítulo 1: Ansiedad e inseguridad en las relaciones

La ansiedad es un verdadero desafío, así como un trastorno de salud mental, que puede dar lugar a muchos otros problemas si no se controla adecuadamente. Sin embargo, todo el mundo desarrolla ansiedad de vez en cuando, y sólo se convierte en un problema si es grave.

La ansiedad puede afectar negativamente a las relaciones, especialmente si se pasa mucho tiempo preocupándose y pensando en todo lo que podría salir mal o ya ha salido mal en la relación. A continuación, se incluyen algunas preguntas que pueden pasar por tu mente cuando estás demasiado ansioso en una relación:

¿Qué pasa si no me quieren tanto como yo a ellos?

¿Y si me están mintiendo?

¿Y si me están engañando?

¿Y si no soy lo suficientemente bueno en el futuro para ellos?

¿Qué pasa si encuentran a alguien más atractivo?

¿Y si su familia no me quiere?

¿Y si mueren?

¿Qué pasa si mi ansiedad arruina nuestra relación? (Ansiedad sobre la ansiedad)

¿Y si rompemos?

¿Y si me abandonan?

Es normal tener algunos de estos pensamientos, especialmente en una nueva relación. Sin embargo, cuando pensamientos como estos vienen a tu mente con frecuencia, puede ser un signo de problemas de ansiedad o de un trastorno de ansiedad. La intensidad con la que rumias constantemente las preguntas mencionadas y otras preguntas similares determinan hasta qué punto estás metido en un problema de ansiedad. También determinará cuán inseguro eres en tu relación.

Estos pensamientos de ansiedad se manifiestan de diversas maneras físicas y se presentan como síntomas como la falta de aliento, el insomnio y la ansiedad o los ataques de pánico. Es posible que descubras que cuando piensas de esta manera, desencadenas un ataque de pánico en el que tu corazón puede empezar a latir rápido, se forma un bulto duro en tu pecho y empiezas a temblar por todo tu cuerpo. Estos son los signos fisiológicos de que estás sufriendo un trastorno de ansiedad.

En algunos casos, estos pensamientos de ansiedad animan a tu pareja a comportarse de manera que te estrese aún más y que haga más tensa la relación. Esto se debe a que eres lo suficientemente transparente para tu pareja como para ver que eres muy inseguro. Esto les da una ventaja manipuladora sobre ti, para torcer y cambiar los eventos de maneras que normalmente no deberían significar nada pero que eventualmente te lastimarán y confirmarán una o dos de las creencias ansiosas que tú tienes.

Por ejemplo, estás preocupado y ansioso por ser el primero en iniciar una conversación todo el tiempo. Te enferma que no le gustes a tu pareja porque no da el primer paso para comunicarse tan a menudo como tú. La ansiedad se acumula y cobra impulso, y comienzas a creer que tal vez nunca hablen contigo o te llamen si tú no te comunicas primero.

Para hacer frente a esta ansiedad, decides que es una buena idea permanecer mudo con ellos por un tiempo. Esto obliga a tu pareja a comunicarse contigo, extendiendo la mano unas cuantas veces hasta que te sientas seguro sabiendo que hará el esfuerzo. Esta evidencia te permite desafiar su ansiosa e irracional creencia de que ellos no se acercarán primero. Esto, sin embargo, no es una estrategia saludable. Lidiar con la raíz de la ansiedad y recuperar la confianza es la mejor manera de superar el trastorno de ansiedad y dejarte con una vida libre y alegre.

Las relaciones íntimas son emocionalmente intensas. Esto se debe a la cercanía que compartes con otra persona. Lamentablemente, esa cercanía te hace impotente a veces y puede llevarte a la ansiedad y la inseguridad. La ansiedad es el miedo a lo desconocido, mientras que la inseguridad es la duda y la ausencia de confianza en sí mismo. La mayoría de las veces, la inseguridad se convierte en ansiedad si no se maneja adecuadamente.

También es importante tener en cuenta que cuando te preocupas constantemente en tu relación, desarrollas una baja autoestima y, en última instancia, se instala la inseguridad. Empiezas a ver las intenciones o acciones de tu pareja de forma negativa; ves a tu pareja como intimidante o crítica.

Algunos síntomas del trastorno de ansiedad intensa pueden incluir:

- Un sentimiento de inquietud
- Músculos tensos
- Dificultad para concentrarse o recordar
- Postergar o tener problemas para tomar decisiones

- Preocupación que lleva a pedir repetidamente que se te tranquilice
- Incapacidad para dormir y descansar lo suficiente

Como las relaciones son muy bellas y placenteras, también pueden engendrar pensamientos y sentimientos ansiosos. Estos pensamientos pueden surgir en cualquier etapa de la relación. Si aún no estás en una relación, el pensamiento de conocer a la persona adecuada y estar en una relación ya puede generarte ansiedad, con la que debes lidiar.

La inseguridad es un sentimiento interno de no ser suficiente o de sentirse amenazado de alguna manera. Todos lo hemos sentido en algún momento. Es bastante normal tener sentimientos de inseguridad de vez en cuando, pero la inseguridad crónica puede arruinar tu éxito en la vida y destruir tus relaciones románticas.

La inseguridad severa te roba la paz y te impide ser capaz de relacionarte con tu pareja de una manera relajada y auténtica. Las acciones resultantes de la inseguridad pueden incluir celos, falsas acusaciones, fisgoneo, falta de confianza y búsqueda de consuelo y validación. Estos atributos no conducen a una relación saludable y pueden alejar a tu pareja.

La mayoría de las personas creen que la inseguridad proviene de las acciones o la inacción de sus parejas. La realidad es que la mayor parte de la inseguridad viene de dentro de ti. Construyes la inseguridad cuando te comparas negativamente con otras personas y te juzgas duramente con tu voz crítica interna. Muchas de las inseguridades en tu relación se basan en pensamientos irracionales y temores de que no eres lo suficientemente bueno y que no eres capaz de hacer feliz a alguien más. ¡Pero esto no es cierto!

Cuando empiezas a notar esa sensación de inseguridad, una cosa que puedes hacer es empezar a hacer un balance de tu valor. La inseguridad hace que te concentres en algo que sientes que te falta dentro de ti. En la mayoría de las relaciones equilibradas, cada pareja aporta diferentes fortalezas y cualidades que se complementan entre sí. Para conquistar tu inseguridad, haz un balance del valor que le ofreces a tu pareja. La personalidad y un gran carácter son cualidades importantes para la salud general de una relación.

Construir tu autoestima es también crucial para superar cualquier inseguridad que enfrentes en tu relación. Es importante que te sientas bien con quien eres por dentro para no buscar constantemente la validación de otra persona. Estás completo dentro de ti mismo y debes dejar que tu independencia y autoestima brille con fuerza a través de tus actos y acciones. Cuando tu bienestar depende de alguien más, le das la llave de tu alegría y le das poder. Esto puede ser muy poco saludable para tu pareja y ciertamente no funciona bien para una relación. Una forma de construir tu autoconfianza es silenciar tu crítica interna y enfocar tu mente y atención en las cualidades positivas. Mírate en el espejo y hazte afirmaciones positivas a ti mismo - mirarse a los ojos cuando haces esto tiene un mayor impacto que simplemente decirte a ti mismo en tu cabeza que eres digno de amor.

También debes ser capaz de mantener tu sentido de identidad propia y ser capaz de atender a tu bienestar personal. Si antes de la relación hacías un gran trabajo atendiendo tus necesidades físicas, mentales y emocionales, esto no debería terminar ahora sólo porque estás en una relación. Debes mantener tu independencia y no permitirte convertirte en alguien que está necesitado o apegado. Ser una persona independiente que tiene una vida e identidad fuera de la relación también te hace una pareja más interesante y atractiva. Tu vida debe continuar avanzando y hacer progresos considerables cuando estás en una relación. Estar en una relación no es la fase final de tu vida, y debes seguir impulsado y lograr más objetivos, que pueden hacerte más atractivo para tu pareja.

Algunas formas de mantener tu independencia incluyen cultivar y nutrir grandes amistades, hacer tiempo para tus propios amigos, intereses y pasatiempos, mantener la independencia financiera, mejorar constantemente y establecer altos estándares para tus sueños.

**Comprender por qué te sientes ansioso, inseguro y apegado en las relaciones**

Cuando comienzas una relación, la etapa inicial puede hacer que te preocupes y te pongas tenso con diferentes preguntas en tu cabeza, rogando por respuestas. Comienzas a pensar: "¿Realmente le gusto?" "¿Funcionará esto?" "¿Qué tan serio se pondrá esto?"

Es triste saber que estas preocupaciones no disminuyen en las últimas etapas de la relación cuando estás plagado de ansiedad. De hecho, cuanto más cercana e íntima sea una relación, mayor será la intensidad de la ansiedad que se manifieste en ella.

La preocupación, el estrés y la ansiedad sobre las relaciones pueden hacer que te sientas solo y abatido. Puedes crear sin saberlo una distancia entre ti y tu ser querido. Otra consecuencia grave de la ansiedad es su capacidad de hacernos renunciar al amor por completo. Eso es bastante devastador, porque el amor es algo muy hermoso. Es importante entender realmente lo que te hace tan ansioso en una relación y por qué te sientes tan inseguro y apegado. Te llevaré a través de algunas de las razones en los párrafos siguientes.

Enamorarse te exige de innumerables maneras, más de las que puedas imaginar. Cuanto más aprecies a una persona, más te arriesgas a perder. ¿Qué tan irónico es eso? Este intenso sentimiento de amor y las poderosas emociones que vienen con él consciente e inconscientemente crean el miedo a ser herido y el miedo a lo desconocido en ti.

Curiosamente, este miedo es el resultado de ser tratado exactamente como quieres que te traten en tu relación. Cuando comienzas a experimentar el amor como debería ser, o cuando eres tratado de una manera tierna y cariñosa que no te es familiar, puede surgir la ansiedad.

En la mayoría de los casos, no son sólo los acontecimientos que ocurren entre tú y tu pareja los que provocan ansiedad. Son las cosas que te dices a ti mismo y con las que alimentas tu mente con respecto a esos eventos las que finalmente conducen a la ansiedad. Tu mayor crítico, que también es el "consejero malo" que tienes en tu cabeza, puedes criticarlo y alimentarlo con malos consejos que en última instancia alimentarán tu miedo a la intimidad. Es esta crítica mezquina la que te sugiere eso:

"No eres inteligente, pronto se aburriría de ti".

"Nunca conocerás a nadie que te ame, así que, ¿por qué intentarlo?"

"No confíes en él, probablemente esté buscando una persona mejor."

"Ella no te ama realmente. Vete antes de que salgas herido".

Esto significa que el consejero en tu cabeza te manipula y te pone en contra tuya y de la gente que amas. Fomenta la hostilidad, y pronto descubres que estás paranoico. Empiezas a sospechar cada movimiento de tu pareja, y esto reduce tu autoestima e impulsa niveles insanos de desconfianza, defensiva, celos, ansiedad y estrés.

Lo que hace este consejero en tu cabeza es alimentarte constantemente con pensamientos que ponen en peligro tu felicidad y hacen que te preocupes por tu relación en lugar de permitirte simplemente disfrutarla. Cuando comienzas a concentrarte tanto en estos pensamientos poco saludables, te distraes terriblemente de la verdadera relación, que implica una comunicación saludable y amor con tu pareja.

Pronto descubres que estás reaccionando a asuntos innecesarios y emitiendo comentarios desagradables y destructivos. También es posible que te vuelvas infantil o paternalista con tu pareja.

Por ejemplo, tu pareja llega a casa del trabajo y no tiene buen apetito, así que amablemente rechaza la cena. Sentado solo después de un tiempo, tu crítico interior se enfurece y te pregunta: "¿Cómo puede rechazar mi comida? ¿Qué ha comido todo el día? ¿Quién le ha llevado comida al trabajo? ¿Puedo creerle de verdad?" Estos pensamientos pueden crecer continuamente en tu mente, hasta que a la mañana siguiente estás inseguro, furioso y temperamental. Puedes empezar a actuar con frialdad o enfado, y esto puede desanimar a tu compañero, haciéndole frustrar y ponerse a la defensiva. No sabrá lo que ha estado pasando en tu cabeza, por lo que tu comportamiento parecerá que sale de la nada.

En sólo unas pocas horas, has cambiado con éxito la dinámica de tu relación. En lugar de saborear el tiempo que pasan juntos, pueden perder un día entero sintiéndose problemáticos y separados el uno del otro. Lo que acabas de hacer es iniciar y coronar la distancia que tanto temían. El factor responsable de este giro de los acontecimientos no es la situación en sí misma - es esa voz interior crítica que nubló tus pensamientos, distorsionó tus percepciones, te sugirió malas opiniones y, como resultado, te llevó a un camino desastroso.

Cuando se trata de los temas que tanto te preocupan en tu relación, lo que no sabes - y lo que tu crítico interior no te dice - es que eres más fuerte y resistente de lo que piensas. La realidad es que puedes manejar las heridas, los rechazos y las decepciones a las que tienes tanto miedo. Estamos hechos de tal manera que es posible absorber las situaciones negativas, sanar de ellas y lidiar con ellas. Eres capaz de experimentar el dolor y, en última instancia, curar y salir más fuerte. Sin embargo, el malvado consejero en tu cabeza, esa voz crítica interior, la mayoría de las veces te pone bajo presión y hace que la realidad parezca una tragedia. Crea escenarios en tu cabeza que son inexistentes y saca a relucir amenazas que no son tangibles. Incluso cuando, en realidad, hay problemas reales y situaciones insalubres, esa voz interior en tu cabeza magnificará tales situaciones y te destrozará de maneras que no mereces. Tergiversará por completo la realidad de la situación y debilitará tu propia resistencia y determinación. Siempre te dará opiniones y consejos desagradables.

Sin embargo, estas voces críticas que escuchas en tu cabeza se forman como resultado de tus propias experiencias únicas y a las que te has adaptado con el tiempo. Cuando te sientes ansioso o inseguro, hay una tendencia a apegarse demasiado y a desesperarse en nuestras acciones. La posesividad y el control hacia tu pareja se establecen. Por otro lado, puedes sentir una intrusión en tu relación. Puedes comenzar a retirarte de tu pareja y a separarte de sus deseos emocionales. Puede que empieces a actuar de forma poco amistosa o retraída.

Estos patrones de respuesta a los problemas pueden provenir de sus primeros estilos de apego. Estos patrones de estilo influyen en la forma en que reaccionas a tus necesidades y en la forma en que las satisfaces.

Hay algunas voces internas críticas que hablan de ti, de tu pareja y de tus relaciones. Estas voces internas se forman a partir de las primeras actitudes a las que te expusiste en tu familia, entre tus amigos o en la sociedad en general. La crítica interna de cada uno es diferente, sin embargo, hay algunas voces internas críticas comunes.

*Voces internas que son críticas con la relación*

- La mayoría de la gente termina siendo lastimada.
- Las relaciones nunca funcionan.

*Voces internas que son críticas sobre tu pareja*

- Probablemente te esté engañando.
- No puedes confiar en ella.
- Los hombres son tan insensibles, poco fiables y egoístas.

*Voces internas sobre ti mismo*

- Estás mejor por tu cuenta.
- Es tu culpa si se molesta.

- Siempre arruinas las cosas.
- Tienes que mantenerlo interesado.
- No se preocupa por ti.

Cuando escuchas tu voz interior, el efecto resultante es una relación llena de ansiedad, que puede estropear tu vida amorosa de muchas maneras. Cuando cedes a esta ansiedad, puedes dejar de sentirte como la persona fuerte e independiente que eras cuando empezaste la relación. Esto puede hacerte adelgazar y desmoronarte, lo que induce aún más a los celos y la inseguridad. El apego y la necesidad se establecen, y esto pone una tensión en la relación.

Este trastorno de ansiedad puede comenzar a hacer que te sientas amenazado en tu relación y, por lo tanto, comiences a dominar o controlar a tu pareja. Te encuentras estableciendo reglas sobre lo que pueden o no pueden hacer para reducir tus propias inseguridades. Esto puede provocar una sensación de retraimiento y resentimiento por parte de tu pareja.

Cuando te permites estar ansioso en una relación, puedes comenzar a defenderte siendo frío y distante para protegerte, y esto puede ser traumático para tu pareja. Esta distancia también puede provocar inseguridad en tu pareja.

A veces, su respuesta a la ansiedad es más parecida a la agresión. Puede que le grites a tu pareja sin darte cuenta. Tienes que prestar atención conscientemente a cuántas de tus acciones son una respuesta directa a tu pareja, y con qué frecuencia son una respuesta a tu voz crítica interior.

**Señales de apego inseguro**

Hay unas pocas prácticas que se producen por los apegos como resultado de la inseguridad. Una serie de prácticas indeseables pueden manifestarse en la adolescencia temprana como resultado de conexiones poco fiables.

**1. Demasiado exigente**

Por ejemplo, no quieres que tu compañero haga las cosas sin ti. Tu anhelo es quemar la mayor parte de tus y sus tiempos extra juntos. Le pides tiempo y consideración, en detrimento de otras amistades y relaciones.

## 2. Duda o Celos

Por ejemplo, sospechas de la conducta de tu pareja o compañero y de la población en general con la que trabajan. Cuestionas sus conexiones laborales y con quién se comunican en el ambiente de trabajo.

Sospechas de cualquiera al que sientes que se está acercando demasiado, ya que temes que te dejen por otra persona.

## 3. Ausencia de intimidad emocional

Por ejemplo, tu compañero o compañera siente que sinceramente no puede acercarse a ti. Te describen como alguien que "establece divisiones" o dicen que comúnmente es difícil acercarse a ti por dentro.

## 4. Dependencia entusiasta

Dependes de tu compañero o socio para tu entusiasta prosperidad. Tu deseo es que tu alegría se origine en tu relación.

En caso de que estés molesto, esto es porque crees que no estás siendo satisfecho por tu pareja o compañero.

**5. Espantoso**

Deseas la cercanía en tus conexiones personales. Sin embargo, tu experiencia ha sido que, en caso de que te acerques excesivamente a tu ser querido, te harán daño. Esto hace que tengas una mezcla de sentimientos.

Acercas a tu pareja y posteriormente la alejas cuando se convierte en "demasiado". Tu temor a acercarte demasiado, ya que preferirías no ser herido, hace que tu relación sufra.

**6. Ausencia de confianza**

No se confía en el compañero por miedo a que te socaven o te dejen. Tienes miedo de que les digas algo o les reveles una parte de ti que no les guste y les incites a terminar la relación.

## 7. Problemas de ira

Enojarse innecesariamente es también un signo de apego inseguro en una relación. Cuando te peleas por un asunto que podría ser resuelto amigablemente, demuestra que no estás listo para tolerar a tu pareja o que estás harto de sus excesos. Este comportamiento, si no se aborda, puede afectar negativamente la relación

Permíteme concluir diciendo que cuando actúas tus inseguridades, comienzas a alejar a tu pareja de ti, creando así una profecía autocumplida. Por profecía autocumplida me refiero a validar y dar vida a esos pensamientos negativos que vienen a tu mente, también conocidos como tu voz interior. Empieza a parecer que esa voz tenía razón después de todo. Pero no, no estaba bien. La lucha es interna y continúa sin importar las circunstancias. Cuando vives con ansiedad, tu vida podría ser en realidad como un cuento de hadas, pero esa voz interior todavía tendrá algo negativo que señalar. Es importante lidiar con tus inseguridades sin arrastrar a tu pareja a ellas.

Puedes hacerlo dando dos pasos:

1. Descubre las raíces de tus inseguridades y averigua qué es lo que realmente te llevó a ellas.

2. Desafiar la voz crítica interna y el consejero de medios que obstruyen el libre flujo del amor en su relación.

# Capítulo 2: Por qué actúas irracionalmente

El amor es sólo una gran cantidad de hormonas en el cerebro que interrumpen nuestra forma normal de comportarnos. Puede parecer una locura, distraernos y volvernos locos. El amor puede ser extremadamente cansado y asombrosamente hermoso al mismo tiempo. Cuando eres irracional, no eres capaz de escuchar la razón, la lógica o aplicar el sentido común. Sólo quieres que se satisfaga una necesidad particular, de cualquier manera que sea.

Hasta que esa necesidad se satisface, actúas de maneras increíbles e impredecibles. Lo que debes rccordar es que las emociones forman un aspecto importante de nuestras vidas, no sólo para influir en nuestro bienestar, sino también para determinar nuestras relaciones con la gente. Hay momentos en los que las emociones negativas te abruman, a pesar de lo mucho que intentes controlarlas. Las emociones implican estados mentales complejos que afectan al cuerpo y al entorno externo.

Tus emociones son una percepción de los eventos que suceden dentro y alrededor de ti. Estas emociones hacen que tú representes uno o más patrones de comportamiento. Cuando algo o alguien te molesta, te enfadas y puedes arremeter contra él, y cuando algo te agobia y te hace infeliz, lloras. De la misma manera, cuando experimentas las emociones positivas del amor, puedes mostrar afecto y cuando algo es gracioso, te expresas riendo.

La capacidad de comprender y controlar tus respuestas emocionales es una habilidad importante que afecta a tu relación con los demás. Si todo lo que haces es expresar constantemente emociones negativas, también conocidas como energía negativa, tus relaciones e incluso tu salud pueden correr un gran riesgo. El comportamiento irracional es una demostración de emoción intensa en una situación en la que tu pareja no entiende por qué es necesaria una emoción tan fuerte.

Las relaciones románticas son un ámbito en el que las emociones se desbocan, al igual que los malentendidos que a menudo son causados por estas emociones y sus efectos que conducen a la irracionalidad. La razón de esto es porque están comprometidos en una relación de apego.

Las relaciones de apego, si se abordan de la manera correcta, pueden fomentar el amor, la seguridad y el confort. Sin embargo, si la pareja no está viva y no responde a las necesidades del otro, este tipo de relación puede ser turbulenta.

Cuando sientes que la seguridad de tu relación está amenazada, puedes responder con emociones fuertes como la pena, la soledad, la ira y la decepción. Estas respuestas, si se expresan intensamente, pueden parecer irracionales.

La ciencia puede no ser capaz de decirte exactamente lo que es el amor, sin embargo te dirá lo que el amor hará. Cuando se está enamorado, los procesos químicos sensoriales, moleculares y orgánicos en cuestión, así como la unión sexual, tienen la tendencia a hacer que la gente haga cosas tontas.

La atracción, los sentimientos románticos y el amor excitado que a veces ocurre en las primeras etapas de una relación se caracterizan por un comportamiento obsesivo, una atención dirigida y un deseo intenso. Esto se debe al hecho de que se está de buen humor cuando la relación va bien - sin embargo, se producen terribles cambios de humor cuando no es así.

Esta es la etapa de afecto cuando vemos a la gente actuar de la manera más irracional, impulsiva y emocional, mostrando similitudes directas con el marco mental emocional de la adicción.

El sentimiento de un verdadero vínculo con alguien, o más bien la sensación de calma, paz y estabilidad que este vínculo causa, se atribuye a las hormonas que se descargan a través del parto, la producción de leche y los orgasmos.

Así que por muy sensata que sea la "química" de una pareja, todavía tendrá algunos resultados conductuales y emocionales bastante peligrosos. El amor es tan natural para la vida humana como la respiración. Intentar prevenirlo por miedo o por incomodidad es sofocante.

## Los comportamientos irracionales que son causados por la ansiedad

La ansiedad altera la química de tu cerebro y por lo tanto desencadena comportamientos y emociones que en circunstancias normales nunca se te ocurrirían. Sin embargo, cuando la ansiedad toma el control, todas las apuestas están fuera. Estos son algunos de los comportamientos que pueden ocurrir cuando una situación incómoda o un desencadenante estresante aparecen en tu relación:

*Preocupación excesiva y obsesiva*

Todos nos preocupamos, es natural. La vida es impredecible, lo cual es una de las razones por las que la ansiedad es tan frecuente. Sin embargo, cuando esa preocupación comienza a sobrepasar tu mente hasta el punto de que no puedes pensar en nada más, hay un problema.

Es posible que, después de ver un texto sospechoso, sientas una punzada de preocupación antes de pensar racionalmente en la situación. Mi pareja me ama, confío plenamente en ella y sé que no me hará daño. No hay razón para sacar conclusiones precipitadas.

Por supuesto, si se trata de ansiedad, esta situación desencadena más que un momento de preocupación. Tu mente se llenará de repente de trozos y pedazos de mensajes que has visto en el pasado, ya sean inocentes o no, y repasarás todas las acciones de tu compañero en tu mente para tratar de identificar los momentos en los que te sentiste suspicaz. La preocupación se convierte en pánico, lo que te lleva al territorio de lo irracional. Si has visto muchos signos de engaño, no es irracional preocuparse. Sin embargo, si este es el primero y nunca ha habido una chispa de indicación en el pasado, es cuando el comportamiento comienza a parecer irracional. No importa el resultado, preocuparse hasta el punto del pánico no te dará las respuestas que buscas. Para dejar de preocuparse, debes dejar ir las cosas que no puedes controlar.

### *Irritabilidad injustificada*

Nos irritamos como humanos. ¡Está bien! Puede que hayas tenido un mal día, o tengas hambre, o cualquiera de las otras docenas de razones. La irritabilidad no es irracional hasta que nace de la ansiedad. La respuesta de lucha o huida que provoca todo tipo de hormonas puede ponernos al límite, llevando a una irritación excesiva sin otra causa que la ansiedad. Lo desafortunado de la irritabilidad es que es tan fácil de dirigir a los seres queridos. Cuando la irritabilidad irracional surge y te hace arremeter contra tu pareja, puede ser difícil explicar por qué lo hiciste. Es posible que ni siquiera sepas tú mismo de dónde viene el estado de ánimo, lo que puede llevarte a concluir que sólo estás enfadado con tu pareja por alguna razón y que ahora parecía un buen momento para expresar esa ira. Tu pareja no sabrá lo que hizo, y antes de que te des cuenta se ha formado una grieta en tu relación. La causa de la ansiedad inicial ya no es preocupante, porque la irritación resultante es lo que hizo todo el daño.

### *Agresión física*

Una vez más, la respuesta de lucha o huida se pone en marcha y desencadena reacciones casi automáticas, algunas de las cuales son violentas. Cuando te sientes amenazado o en peligro, tu cuerpo toma el control para protegerte. Cuando estás en una situación que te pone ansioso, si la gravedad es alta, es más probable que expreses esa ansiedad de manera física. Para protegerte emocionalmente, te armas físicamente. Puede que no tenga mucho sentido para ti aunque seas tú el que muestra el comportamiento - eso es lo que lo hace irracional.

### *Depresión*

Esto puede parecer un comportamiento menos drástico que la irritabilidad o la agresión, pero puede ser perjudicial de todos modos. El abatimiento se caracteriza por la tristeza, la depresión y la falta de energía. Esto se produce como resultado de la ansiedad que causa un cierre en la mente y el cuerpo. Tus miembros se vuelven letárgicos, al igual que tu mente, y esta depresión de la función interna hace que la tristeza surja de la nada. El único pensamiento que puedes tener es "No tengo ganas", no importa lo que sea. Este estado de ánimo depresivo puede tensar una relación, especialmente si tu pareja no sabe si hizo algo malo o por qué te sientes así. Es posible que ni siquiera lo sepa.

*Comportamiento compulsivo*

La ansiedad suele ser la causa del trastorno obsesivo compulsivo. Deseas ser capaz de controlar algún aspecto del mundo, por lo que desarrollas rutinas y hábitos que te ofrecen alguna apariencia de orden. La incertidumbre que se encuentra en las relaciones puede conducir a pensamientos ansiosos sobre el futuro, por lo que te involucras en conductas compulsivas que te dan una forma de controlar una pequeña parte de tu vida y tu futuro. Estos comportamientos pueden ser casi cualquier cosa, pero algunos de los más comunes incluyen revisar las cerraduras varias veces, asegurarse de que la hornilla esté apagada varias veces antes de salir de la casa (incluso si la estufa no se usó), necesitar mantener todo en orden o en un orden específico, y más.

*Agorafobia*

Si nunca sales de casa, hay menos cosas que te provocan ansiedad, ¿verdad? La ansiedad grave puede provocar agorafobia, o el miedo a ir a algún lugar que puede llevar a la vergüenza o causar pánico. Los lugares concurridos son particularmente problemáticos para los afligidos. Aunque es irracional esperar siempre lo peor, es absolutamente comprensible. Es difícil ponerse en marcha, y este miedo a lo desconocido puede hacer que nunca quieras dejar esta relativa seguridad de tu hogar. Tanto si ya has conocido a alguien como si te gustaría, puede ser difícil empezar o mantener una relación cuando no quieres salir nunca de casa.

## Comprender a tu pareja

La capacidad de comprender el bienestar emocional

de tu pareja es importante para cultivar una relación saludable. Una vez que puedas identificar con precisión una emoción que tu pareja esté expresando o la razón por la que se está comportando de cierta manera, podrás responder a sus necesidades de manera más eficaz. Esto te permite ofrecer el tipo de apoyo adecuado y saber qué decir en las situaciones adecuadas.

Nunca se insistirá lo suficiente en la importancia de comprender los puntos de vista, las opiniones y la perspectiva de tu pareja, especialmente durante los desacuerdos acalorados. Tú puedes desarrollar una buena comprensión de las emociones de tu pareja preguntándole regularmente cómo se siente, por qué se siente así y con qué se puede comparar ese sentimiento. Esto te ayudará mucho en momentos en que no estés muy seguro de las emociones que siente tu pareja o de por qué está expresando esas emociones en particular.

También deberías ser capaz de comprender sus sentimientos y llegar a un nivel de estabilidad emocional para que puedas hacer un buen trabajo en la comprensión de los sentimientos de tu pareja. Cuando mejores tu autoconciencia emocional, tu pareja también se sentirá impulsada a hacer lo mismo.

En lo que respecta a las emociones, debes reconocer que puede no ser muy fácil para tu pareja expresarte sus emociones plenamente. El nivel de confianza y seguridad que tu pareja tenga en ti informará cuánto de sus sentimientos podrá compartir contigo. Se debe establecer un sentido general de confianza en una relación.

La comunicación efectiva es muy importante para comprender a tu pareja. Asegúrate de comunicar tus sentimientos y pensamientos de la manera más apropiada posible. Esto aumentará la confianza en la relación. La comprensión es realmente una de las principales cualidades de una gran pareja en cualquier relación romántica, y todo el mundo quiere a alguien que intente comprenderlos.

También debes tener cuidado de no imponer tus ideales y creencias a su pareja. No importa cuánto creas que eres mejor que tu pareja en términos de experiencia, madurez, o incluso en intelecto - nunca debes forzar tu propia visión del mundo a tu pareja. Debes ser capaz de respetar su propio punto de vista, ideas y perspectivas sobre la vida y las situaciones en general.

Una forma segura de entender a tu pareja y obtener lo mejor de la relación es entender y reconocer que su relación no es el centro del universo. Esto también se aplica a tu pareja. Debes mantener y mejorar la vida que estabas viviendo antes de empezar. No debes forzar a tu pareja a priorizar tu relación y también debes darle libertad para vivir, divertirse y ser feliz, incluso si no estás cerca.

Deja que su pareja salga con sus amigos, que socialice, que viaje solo y que viva su vida al máximo, incluso en tu ausencia. Anímala a perseguir su autodesarrollo y sus objetivos personales. Empuja constantemente a tu pareja a ser más y a alcanzar mayores alturas. Esto ayudará a tu pareja a apreciarte más, a sentirse más seguro de la relación y, en última instancia, a aumentar el afecto que te tiene.

Para entender efectivamente a tu pareja, debes aprender a comprometerte. Debes estar dispuesto a encontrar un terreno común, lo que también forma parte de los sacrificios. No siempre tienes que señalar que tienes razón. Recuerda que ambos están en el mismo barco, corriendo hacia un objetivo común y para ello, no son enemigos sino socios en el progreso.

Otra hermosa forma de entender a tu pareja es dándole la oportunidad de explicarse a sí mismos y a sus situaciones antes de reaccionar. Debes ser capaz de guardar tu corazón y tus emociones diligentemente. Cuando pienses que tu pareja te ha hecho daño o te ha molestado, debes darle la oportunidad de explicarte. Escucha su versión de la historia y no seas el que siempre juzgue a tu pareja. Hablar con calma con tu pareja siempre debe tener prioridad sobre la ira y los arrebatos emocionales perjudiciales.

Sé que puede ser un gran desafío cuando intentas entender a tu pareja, especialmente cuando sientes que hizo algo malo. Lo que más duele es sentirse traicionado y decepcionado. A pesar de todo, tienes que encontrar la fuerza y el amor para escuchar, con total sinceridad. También tienes que confiar en tu pareja lo suficiente como para dejar que te lleve a través de sus intenciones y motivaciones de sus actos.

La relación prospera cuando las parejas se entienden y se toleran mutuamente. En lugar de enfadarse en algunos temas, puedes optar por mostrar madurez. Si tu pareja te ofende, en lugar de buscar pelea, intenta llamarlo y explicarle cómo te ha perjudicado. Deje que se den cuenta de que lo has perdonado pero que sólo quieres que lo sepa. La molestia sólo empeorará la situación. Así que, deja que la paz llueva en tu relación evitando la ira a toda costa. Las parejas que han permanecido juntas durante muchos años tienen una cosa en común, ¿y qué es? - han aprendido a controlar su ira. Otro secreto de una relación duradera que me gustaría compartir contigo es que una vez que descubras que tu pareja está enojada, nunca hagas nada que lo provoque más. Además, nunca respondas a la ira con enojo. ¿Lo entiendes?

Otro punto que me gustaría destacar es la comprensión. Sí, importa mucho. La falta de comprensión ha sido la razón principal por la que la mayoría de las relaciones fracasan. Al comienzo de una relación, ya sea que estén recién casados o saliendo, el primer deber de cada uno de ustedes es estudiar el comportamiento del otro. Haz preguntas si tienes dudas, tu pareja siempre estará dispuesta a abrirse a ti. Cuando seas consciente de lo que le gusta y lo que no le gusta a tu pareja, será difícil pisarles los talones. Y, siempre aprenda de tus errores. Si tu pareja te ofende, nunca le guardes rencor, no importa la gravedad de la ofensa. Tu capacidad para perdonar y arreglar las cosas amigablemente cada vez que tu pareja ofende es uno de los pilares de toda relación

A lo largo de este proceso, también debes animar a tu pareja a abrirse más a ti, sin importar la situación. A veces, a la gente le resulta difícil comunicar sus ideas y sentimientos con palabras. Esto puede suponer un desafío, especialmente en las relaciones románticas. En este tipo de situaciones, es posible que tengas que tener mucha paciencia. Es útil alentar a tu pareja a que esté abierta a discutir los temas que conciernen a su relación. Cuando lo haga, demuestra que estás dispuesto a escuchar y a ver su versión de los hechos, lo que ayudará a que tu relación prospere.

Comprender las emociones y los sentimientos de las personas no siempre es sencillo, especialmente en las relaciones. La comunicación activa es muy importante en una relación. Tienes que hacer un esfuerzo para estar constantemente en sintonía con sus emociones y su estado de ánimo. A veces, puedes descubrir que tu pareja está molesta por razones que ni siquiera ella entiende, y aun así espera que tú lo entiendas. Por supuesto, tú no eres un lector de mentes; la manera de hacerlo es estar tranquilo y ser paciente con ella. Trata de compartir una conversación productiva con el objetivo de entenderse mutuamente en lugar de ponerse a la defensiva o enfadarse.

Una forma segura de calmar todo tipo de tensión es no desatar todas las preocupaciones de una vez a tu pareja. Esto puede ser muy abrumador y por lo tanto contraproducente. También debes saber y recordar que la conexión emocional es una calle de doble sentido. Debes hacer un esfuerzo considerable para tratar de entender a tu pareja emocionalmente para que el esfuerzo sea correspondido por ella.

Si ambos levantan la voz, será difícil estar relajados y entenderse adecuadamente. Debes prestar atención al volumen y al tono de su voz. En el momento en que tu voz aumente de tono, será difícil entender o escuchar a tu pareja. También debes prestar atención al lenguaje corporal y a los gestos. Tu lenguaje corporal puede afectar la forma en que tu pareja te responde, y esto puede hacer que le sea difícil entender lo que realmente necesitas. Si te paras con los brazos cruzados, por ejemplo, parecerás estar a la defensiva y como si los estuvieras dejando de lado. Tu cuerpo debe reflejar tu voluntad de comunicarte.

Además, también puedes cultivar el hábito de comunicarte diariamente sobre cómo te sientes en cualquier situación y la relación en general. No tienes que esperar hasta que haya un problema antes de intentar comunicar tus sentimientos. Crea un ambiente donde esté bien hablar de tus sentimientos. Una gran manera de hacerlo es hacer preguntas abiertas. Podrías hacer preguntas como "¿Cuál fue la mejor parte de tu día y por qué?" en vez de "¿Cómo fue tu día?" De esta manera, tu pareja será persuadida a compartir más, y esto permite que ambos tengan conversaciones más significativas.

Por todos los medios posibles, no debes ceder a la presión de obligar a tu pareja a cambiar. Sin críticas, sin peticiones de cambio. En lugar de eso, debes dejar que se trate de cómo te sientes. Cuando hables de tus sentimientos, es esencial centrarse en usarlos como una forma de compartir tu propia experiencia y dejar claro que sólo quieres ser escuchado y comprendido. No acumules presión, y no repartas culpas. También debes hacerle saber que no necesitan "arreglar" nada.

Cuando tu pareja intenta arreglar la situación, puede ejercer mucha presión sobre ella. Hazle saber que tú sólo quieres que entienda cómo te sientes.

Cuando se trata de comunicar tus emociones, también debes ser capaz de elegir tu tiempo de manera muy sabia. Debes tener en cuenta el estado de ánimo y el estado mental de tu pareja antes de iniciar conversaciones emocionales. Ciertamente no es un buen momento para una discusión cuando tu pareja tiene sueño, tiene plazos para cumplir en el trabajo o está con amigos. También debes tener en cuenta que no todos nos comunicamos de la misma manera. Averigua cómo se comunica tu pareja y ayúdale a entender cómo te comunicas tú también. También debes aprender a conectarte con tu pareja sólo cuando estés estable y no te emociones demasiado. La mejor manera de hacer que tu pareja se relacione emocionalmente contigo es reducir la emoción que sientes en ese momento.

Después de todo lo dicho y hecho, también es importante que sepas que puedes optar por escribir una nota/carta a tu pareja sobre la forma en que te sientes si no puedes expresarlo con palabras. Hacer esto puede darle tiempo para pensar realmente en lo que quieres decir y también darle a tu pareja el tiempo para leer y planificar su respuesta de manera sensata. También debes tener en cuenta que las personas tienen experiencias emocionales diversas, y que no todas las situaciones resuenan con todos. Sólo tienes que seguir dando pasos de bebé, y los dos podrán encontrarse a mitad de camino. Sigue comunicándote, sin importar lo que pase. Esa es la clave para entenderse mejor y expresar las emociones de una manera muy clara y saludable.

Formas prácticas de conocer mejor a su pareja

*Ir de vacaciones juntos*

Si quieres entender el verdadero funcionamiento interno de tu pareja, entonces vayan de vacaciones juntos, aunque sea sólo por el fin de semana. Puede que pienses que la conoces bien, pero no conoces completamente a alguien hasta que lo has visto en todas sus complejidades. Por ejemplo, la forma en que reacciona a un retraso de siete horas en el vuelo y a un gran cansancio te dirá mucho.

Experimentar nuevas cosas juntos puede revelar intereses que ni siquiera reconocía que tu pareja tenía. Ya sea en forma positiva o negativa, habrás llegado a conocer mejor a tu pareja para cuando regrese a casa.

### *Salir con sus amigos más antiguos*

Salir con los actuales y viejos amigos de tu pareja es una forma de entender a tu pareja. No hay nada como conocer amigos de su pasado. Los viejos amigos que han estado con nosotros a través de partes fundamentales de nuestras vidas sacan lo mejor de nosotros. Puede que veas un lado diferente de tu pareja cuando interactúe con sus amigos. Es una bonita manera de echar un vistazo a su yo más joven y a la persona que es cuando está con los más cercanos.

*Hacer un viaje a su ciudad natal*

Si no crecieron en la misma ciudad o cerca de la otra, visiten la ciudad natal de cada uno. Pasear por la casa de su pareja puede ayudarles a ver lo que los formó en la persona que son hoy. Las personas cobran vida en lugares que les son queridos y familiares. Como con los viejos amigos, verán un lado de su pareja que tal vez no haya salido antes.

*Sé un mejor oyente*

Junto con todas las sugerencias anteriores, comprueba que realmente escuchas a tu pareja. Muchas veces, nuestro compañero ofrece información que tendemos a no captar en la comunicación oral casual. Practica el arte de la verdadera escucha activa para captarlo todo.

*Prueben los pasatiempos del otro*

Claro, reconoces que tu compañero va a un club de lectura en las noches de la semana. Sin embargo, ¿sabes qué está leyendo, o por qué le gusta tanto el grupo? Acompáñala y ve de qué se trata. La amistad depende de los puntos en común, y es vital tener un interés, o al menos conocimiento de las pasiones de tu pareja.

*Crear pasatiempos compartidos*

Intenta crear un hobby para que ambos disfruten juntos. Puede ser algo que involucre a otras parejas o grupos, como equipos de deportes internos, un club de lectura o una clase de cocina, o algo que los involucre a ustedes dos, como la fotografía amateur o el acabado de muebles. Trabajar en algo juntos es una gran manera de promover la cercanía y la intimidad.

*Vigílalos - no de una manera sospechosa*

Hagan un hábito el hablar con los demás todos los días sobre la vida en general. Ya sea que hables de cómo te fue el día o de lo que está pasando en tu futuro, la comunicación constante te proporciona una oportunidad tremendamente valiosa para estar más cerca de ellos. Estar dispuesto a saber cómo se sienten respecto a cualquier tema, cuando te unes a tu pareja para abordar un problema, consigues resolverlo más rápido. Así que lo que estoy tratando de transmitir es que cuando hacen cosas en común, llegan a conocer mejor a su pareja.

*Pasar mucho tiempo de calidad juntos*

Tener suficiente tiempo de pareja construye la intimidad, abre la comunicación y fortalece tu vínculo, lo que sucesivamente fortalece tu relación. Quédense en casa, pasen el rato, y visítense el uno al otro. Este tiempo ininterrumpido a solas puede permitirte averiguar más sobre ellos.

*Construir un juego de trivia de parejas*

¿Qué te parece esta linda idea? El juego de trivia de parejas incluye tarjetas de índice y una sesión de preguntas y respuestas. Cada uno de ustedes crea veinticinco preguntas sobre ustedes mismos. Los temas pueden incluir la canción favorita, el pariente menos favorito, la mayor queja, las mejores actividades, el tipo de sangre, etc. Luego, hablen y vean lo que descubren del otro.

### *Sean honestos el uno con el otro*

No puedes esperar entender a tu compañero si no es honesto contigo y viceversa. Trabaja hacia el tipo de relación donde la honestidad es una forma de vida. Comparte tus problemas personales con tu pareja, ya sea que le concierna o no.

Conocer a alguien es uno de los aspectos más emocionantes de cualquier relación. Descubrir tanto las similitudes como las diferencias los acerca a ambos y les permite adoptar nuevas formas de pensar.

# Capítulo 3: Autoevaluación de la ansiedad en una relación

¿Cómo sabes si estás ansioso en una relación? ¿Cuáles son los signos que muestran que tienes una emoción negativa en tu relación? ¿Cuáles son los efectos de la ansiedad en tu relación? Todas estas preguntas se responderán cuando realices lo que se denomina una autoevaluación de la ansiedad en la relación. Este capítulo se centra en la autoevaluación de la tensión en una relación. La esencia de esto es evaluar el tema para ponerle fin.

La ansiedad puede surgir en cualquier momento en una relación. El hecho es que todo el mundo es vulnerable a este problema; la tendencia a ponerse ansioso en una relación aumenta a medida que el vínculo se hace más fuerte. Por lo tanto, es necesario que todo el mundo lleve a cabo una autoevaluación.

¿Pasas la mayor parte del tiempo preocupándote por cosas que podrían salir mal en tu relación? ¿Dudas de si tu pareja te quiere de verdad? Un signo seguro de ansiedad en la relación es cuando te preocupas todo el tiempo como resultado de esas preguntas que pasan por tu mente.

Para una autoevaluación adecuada de este problema, necesitas conocer los signos que muestran que ya te estás volviendo ansioso. Además, debes sopesar las causas y el efecto de este problema en tu relación. Como he dicho antes, el propósito de la evaluación es abordar el problema antes de que se desarrolle. Este capítulo está estructurado para darte el máximo beneficio, y trataré de ser lo más explícito posible.

**Cómo saber si te estás poniendo ansioso en una relación**

Es posible que tengas ansiedad en las relaciones sin saberlo realmente, así que esta sección te señalará los síntomas de este problema. Si notas alguno de los signos que se mencionan a continuación, te beneficiarás enormemente del proceso de autoevaluación.

**1. Cuando te sientes celoso de su pareja**

Echa un vistazo rápido a tu comportamiento. ¿Tienes ganas de romperle la cabeza a alguien cuando tu pareja está cerca del sexo opuesto? ¿Te sientes amenazado por algún amigo suyo que temes que te "robe" a tu pareja? Esto son celos, y es una de las señales de que te sientes ansioso en tu relación. A veces, incluso puedes tener la necesidad de poner a prueba el compromiso y el amor de tu cónyuge; esto es un indicio de ansiedad provocada por los celos.

**2. Cuando tu autoestima está baja**

Cuando siempre eres cauteloso en tu comportamiento porque no sabes cuál será la reacción de tu pareja, o no puedes expresarte libremente frente a tu pareja por temor al rechazo, esto es un indicio de baja autoestima, una señal de que estás ansioso en tu relación.

**3. Falta de confianza**

Tu pareja es una de las personas en las que más

deberías confiar. Si siempre tienes que confirmar lo que tu esposa, esposo, novio o novia dice antes de creerle, eso demuestra que hay una falta de confianza en la relación. Muchas veces, la falta de confianza es causada por traiciones pasadas. Sin embargo, no debes permitir que las traiciones pasadas tengan un impacto negativo en tu relación, siempre y cuando hayan ocurrido una sola vez. Comprende que tu pareja no es perfecta, y una vez que te haya asegurado que tales incidentes no volverán a ocurrir, créele.

## 4. Desequilibrio emocional

Hoy estás frustrado, mañana estás enfadado, al día siguiente estás feliz - esto es inestabilidad emocional. Puede que no seas consciente de esto, pero los constantes cambios de humor son también un signo de desequilibrio emocional, y no ayudan al asunto. Sólo lo empeoran. Sean cuales sean los problemas o asuntos a los que te enfrentes, discútelos con tu pareja. Cuando ambos deliberen sobre un problema, lo resolverán rápidamente. Cuando descubran que su estado de ánimo no es estable, es un síntoma de ansiedad en una relación.

### 5. Falta de sueño y reducción del deseo sexual

Las consecuencias de la preocupación constante son el insomnio, que es la incapacidad de dormir, y cuando no se puede dormir, el cuerpo se estresa, lo que conduce a una disminución de la libido.

Si estás experimentando uno o más de estos síntomas, lo que necesitas hacer es averiguar las posibles causas y lidiar con ellas. Te daré ejemplos de las posibles causas de estos problemas.

## Posibles causas de la ansiedad en las relaciones

La mayoría de las veces, la ansiedad en las relaciones puede ser una manifestación de un problema muy arraigado. Estas son las causas comunes de la ansiedad en las relaciones:

### 1. Relación complicada

Cuando no estás seguro de tu relación, o no está

claramente definida, puede clasificarse como complicada. Esto se aplica a los que están saliendo. Por ejemplo, una mujer puede no saber las intenciones del hombre - si quiere casarse con ella o sólo está en ella por diversión. También, una relación a distancia podría resultar en ansiedad. En tales casos, las parejas deben aprender a confiar en el otro.

## 2. Comparación

Debe evitarse en la medida de lo posible la comparación de su relación actual con las anteriores. Puede que empieces a tener sentimientos de arrepentimiento si descubres que tu relación anterior fue mejor en las áreas de finanzas, comunicación, sexo y otros aspectos. Para evitar este sentimiento, nunca debes comparar tu matrimonio o relación con el de otros o con los que has tenido en el pasado.

## 3. Peleas constantes

Cuando siempre estás discutiendo con tu pareja, puede que nunca dejes de preocuparte porque no sabes cuándo será el próximo altercado. Esta es una de las causas de la ansiedad severa en una relación, porque tu intento de evitar las peleas no le permitirá pasar un rato agradable con tu pareja.

## 4. Falta de comprensión

Las parejas que no se toman el tiempo para entenderse siempre se enfrentan a dificultades. Como se mencionó anteriormente, las constantes peleas resultarán en una relación ansiosa. ¿Te das cuenta de los síntomas de la ansiedad junto con la falta de comunicación? La falta de comprensión puede ser la razón de tu ansiedad en la relación. Conoce mejor a tu pareja y anímala a conocerte a ti.

## 5. Otros asuntos

Las experiencias difíciles en las relaciones malsanas del pasado pueden dar lugar a muchos otros problemas. No sólo eso, la negligencia durante la infancia, el abuso en el pasado y la falta de afecto son algunas de las razones por las que alguien puede sentirse ansioso en una relación.

Una vez que se haya identificado la causa fundamental del problema en la relación, el siguiente paso será deshacerse de ella. No olvides que la razón principal para la autoevaluación de cualquier problema es deshacerse de él. En la siguiente sección, vamos a examinar el efecto de la ansiedad en una relación con pasos lógicos para ponerle fin.

## Efectos de la ansiedad en las relaciones y cómo detenerla

Esta es una sección relevante que debe leerse con atención, ya que abre los ojos a la forma en que la ansiedad se manifiesta en una relación y a las formas efectivas de detenerla sin importar la forma en que aparezca.

## 1. La ansiedad hace que te preocupes continuamente por tu relación

La preocupación persistente es una de las manifestaciones de la ansiedad en las relaciones. Si estás continuamente teniendo pensamientos como, "¿Está mi pareja enojada conmigo, o está fingiendo ser feliz conmigo? ¿Durará esta relación?" Este tipo de puntos de vista indican una cosa: PREOCUPACIÓN. Si descubres que regularmente tienes este tipo de pensamientos, haz lo siguiente:

- Despeja tu mente y vive el momento

- Si los pensamientos negativos corren continuamente por tu mente, entonces detente, aclara tu mente y piensa en los hermosos momentos que has compartido con tu pareja. Piensa en las promesas que tu pareja ha hecho, y asegúrate de que tu relación va a resistir el paso del tiempo.

- No reacciones impulsivamente - piensa antes de dar cualquier paso. Comparte tus sentimientos con tu pareja en lugar de retirarte de ellos: has un esfuerzo por conectar.

## 2. La ansiedad genera desconfianza

La ansiedad te hace pensar negativamente en tu pareja. Te resultará difícil creer cualquier cosa que diga. En algunos casos, puedes sospechar que tu pareja está saliendo con otra persona. Este tipo de sentimientos se interponen inevitablemente entre tú y tu pareja. Hace que sea difícil para ti relacionarte bien con ella. Para poner fin a esto, sigue estos pasos prácticos:

- Pregúntate: "¿Tengo alguna prueba de mi sospecha?"
- Ve a tu pareja y habla de las cosas con ella
- Empieza de nuevo si notas que tu relación sufre de falta de confianza
- Restablecer la confianza, salir con el otro como si fuera la primera vez, y gradualmente construir la confianza
- Hacer las cosas que hicieron cuando se conocieron por primera vez

**3. La ansiedad lleva al egocentrismo**

Lo que hace la ansiedad es quitarte toda la atención, haciendo que te concentres únicamente en el problema mientras todo lo demás sufre. No tienes tiempo para tu pareja; estás retraído a ti mismo. Te concentras principalmente en ti mismo y descuidas las necesidades físicas y emocionales de tu pareja. Estas son las cosas que hay que hacer para deshacerse de esta actitud:

- En lugar de magnificar y centrarse en su miedo, preste atención a sus necesidades
- Puedes buscar el apoyo de tu pareja cuando descubras que no puedes manejar el miedo solo

## 4. La ansiedad inhibe la expresión con tu pareja

Cualquier cosa que te impida expresar tus sentimientos sinceros a tu pareja es un enemigo de tu relación. La ansiedad es la culpable aquí; te impide abrir tu mente a tu pareja. Piensas que pueden rechazarte, o que decirle lo que sientes puede causar una reacción adversa de su parte. Esto te hace seguir postergando, en lugar de discutir los temas críticos de inmediato con ella. ¿Cómo se supera el miedo al rechazo? Considera los siguientes pasos rápidos:

- Concéntrate en el amor que tu pareja tiene por ti

- Di lo que sientes para deshacerte de la ansiedad

- Acércate a tu pareja con alegría

- Discútelo de todo corazón con ella

**5. La ansiedad te pone triste**

La ansiedad genera estos dos problemas: limitación y miedo. Un alma que lucha con estos dos males no puede ser feliz. La ansiedad es el culpable que te roba la alegría preocupándote con agitación y preocupación innecesarias. La felicidad es la base de cualquier relación, así que deja de estar triste y empieza a disfrutar de momentos felices con tu pareja tomando los siguientes pasos:

- Descarta cualquier pensamiento que te haga sentir triste

- Toca tu música favorita para ocupar tu mente
- Conviértete en juguetón con tu pareja
- Revive los dulces momentos que has tenido con tu pareja
- Sé gracioso, ríete con tu pareja

## 6. La ansiedad puede hacerte distante o pegajoso

Una forma de reconocer a las personas ansiosas es que tienden a ser extremas en sus acciones. Si no son distantes, se vuelven demasiado apegados. Ambos comportamientos son extremos y poco saludables. ¿Te has evaluado a ti mismo y has descubierto que eres culpable de estos extremos? Toma las siguientes medidas para restaurar la relación saludable con tu pareja:

- Descubre tus sentimientos
- Trabaja en ti mismo
- Comprométete con las cosas que te gustan

hacer

**7. La ansiedad hace que rechaces las cosas que te beneficiarán.**

Te hace ver todo desde un punto de vista: el miedo. La ansiedad resulta en indecisión en una relación, porque no sabrás qué camino es el correcto. He aquí cómo puedes detener este problema:

- Reconocer tus pensamientos confusos y lidiar con ellos

- Sopesa tus decisiones cuidadosamente sin ser parcializado

- Busca la ayuda de tu pareja si descubres que necesitas apoyo

**Estrategias prácticas para resolver los problemas de ansiedad en una relación**

La parejas generalmente se enfrentan a desafíos que deben ser abordados a medida que la asociación progresa. Su capacidad para manejar los problemas que surjan en su relación determinará en última instancia el crecimiento de la misma. Si un desafío no se gestiona bien, es posible que su relación se encuentre en una crisis y que tenga que tomar medidas concretas para trazar una salida.

Algunos de los desafíos que la mayoría de las personas enfrentan en sus relaciones incluyen la comunicación, el desarrollo conjunto como pareja, las necesidades de la relación, la contención y la autonomía de las parejas, la igualdad de derechos, la rutina, el hábito, la sexualidad, la lealtad, el estrés, las peleas, los conflictos, la diferencia en los sistemas de valores, la distancia, la enfermedad, y la lista continúa.

¿Qué tan cuidadoso eres en tu relación? Ser cuidadoso y considerado con el otro ahorra mucha frustración en la relación. ¿Vives en el aquí y ahora? ¿Puedes disfrutar del momento? Vivir en el aquí y ahora suena más fácil de lo que es. A menudo, nuestros pensamientos se deslizan hacia el pasado o el futuro.

Otras preguntas para preguntarte sobre tu relación:

¿Qué tan intensamente estás disfrutando el momento? ¿Tu pareja siempre entiende lo que quieres decir? ¿Tienen mucho en común? ¿Son ambos un equipo bien ensayado en todos los ámbitos de la vida? ¿Encuentran seguridad, ternura y satisfacción sexual con su pareja? ¿Qué hay de la división del trabajo? ¿Funciona bien entre los dos? ¿Encuentras paz, apoyo y seguridad en tu relación? ¿Puedes hablar de todo muy abiertamente? ¿Tu pareja te hace fuerte y feliz?

Las respuestas a estas preguntas te guiarán para que hagas una autoevaluación adecuada de los desafíos que podrías enfrentar en tu relación.

En la mayoría de los casos, a los hombres no les gustan las charlas sobre relaciones. Sin embargo, es necesario intercambiar regularmente sobre las necesidades y deseos en una relación de pareja. Especialmente para la resolución de conflictos, se necesitan estrategias de comunicación. En primer lugar, hay que distinguir entre la comunicación en general como socios y la comunicación como resultado de la resolución de conflictos. La comunicación sobre los deseos, ideas, planes y esperanzas de cada uno de los socios es una base importante para una relación. Las parejas que son felices en relaciones a largo plazo suelen ser capaces de comunicarse sus sentimientos el uno al otro, y no se ven a sí mismos ni a su relación amenazados por estas expresiones, aunque sean negativas sin ser conscientes de ello. Son capaces de desarrollar su propio lenguaje, gestos y expresiones faciales muy sutiles a lo largo de su relación.

Las peleas son normales en una relación - es el "cómo" lo que importa. Los enfrentamientos surgen cuando tú o tu pareja están tensos por el estrés externo. Por ejemplo, un trabajo, problemas en la crianza de los hijos, conflictos en la familia, etc. La pareja estresada a menudo se comunica en un tono más irritado y violento.

Es de nuestro mayor interés ser proactivos e

inventivos en cuanto a la forma en que nos comunicamos con los más cercanos.

Crear, mantener y nutrir las relaciones con amigos, compañeros de trabajo y familia, no sólo con la pareja, es fundamental para nuestro bienestar.

En lugar de buscar a otros para crear cambios en las relaciones, el lugar más simple para empezar es con uno mismo.

**Una autoevaluación de la relación**

A continuación se presenta una lista de algunas declaraciones de relaciones. Revisa las declaraciones y toma nota de las que no parezcan ser muy ciertas para ti. Escríbelas en una hoja de papel separada.

1. Le he dicho a mi cónyuge/pareja/hijos, que me gustan mucho los días o semanas anteriores.
2. Me llevo bien con mis hermanos.
3. Me llevo bien con mis compañeros de trabajo y/o clientes.
4. Me llevo bien con mi gerente y/o

empleados.

5. No hay nadie a quien pueda temer o sentirme incómodo al cruzarme con él.
6. Pongo las relaciones en primer lugar y los resultados en segundo lugar.
7. He abandonado todas las relaciones que me arrastran o me perjudican
8. Me he comunicado o he intentado hablar con todos los que he podido herir, lesionar o perturbar gravemente, aunque puede que no haya sido 100% culpa mía.
9. No chismorreo con o sobre los demás.
10. Tengo un círculo de amigos y/o familia a los que quiero y aprecio.
11. Le digo a la gente cercana a mí que los aprecio.
12. Estoy completamente envuelto en cartas, correos electrónicos y llamadas relacionadas con el trabajo.
13. Siempre digo la verdad, aunque me duela.
14. Recibo suficiente amor de la gente que me rodea para sentirme apreciado.

15. He perdonado a las personas que me han herido, ya sea o no deliberadamente.
16. Mantengo mi palabra; la gente puede confiar en mí.
17. Aclaro rápidamente los malentendidos y las incomprensiones después de que ocurran.
18. Vivo la vida en mis términos, no por los principios o preferencias de otros.
19. No hay nada que no se haya resuelto con mis amores o cónyuges pasados.
20. Estoy en sintonía con mis necesidades y deseos y me aseguro de que sean atendidos.
21. No juzgo ni critico a los demás.
22. Tengo un apoyo o un amante.
23. Hablo abiertamente de los problemas en lugar de quejarme.

Problema de la relación: Dinero

Muchos problemas en las relaciones comienzan con el dinero. Tanto si una persona lo maneja de forma diferente a la otra, como si ha habido desconfianza debido a la mala gestión de las finanzas en el pasado, el dinero puede tensar incluso la relación más fuerte.

Estrategias para la resolución de problemas:

Se honesto con respecto a tu actual escenario monetario. No abordes el tema cuando la situación sea tensa. Más bien, reserva un momento adecuado y conveniente para ambos.

Reconoce el hecho de que uno de ustedes siempre será un gastador mientras que el otro es un ahorrador, hablen de las ventajas de cada uno y traten de aprender el uno del otro.

No mantengas tus ganancias financieras o tus deudas lejos de tu pareja. Si en algún momento desean unir las finanzas, presenta todos los documentos monetarios, incluidos los informes de crédito recientes, los talones de pago, los estados de cuenta bancarios, las pólizas de seguro, las deudas y las inversiones.

Cuando las cosas van mal con las finanzas, nunca repartas la culpa. Los trozos de papel y los unos y ceros de una computadora son insignificantes comparados con tu conexión humana.

Cuando se trata de dinero compartido, incorpora los ahorros en un presupuesto conjunto y decide que el pago de las facturas mensuales es una responsabilidad conjunta. Aun así permite que ambos sean independientes, apartando algo de dinero para gastarlo cuando sea necesario.

Tomen decisiones sobre sus objetivos a largo y corto plazo. Es normal tener una meta personal, pero no deben subestimar la importancia de las metas familiares.

Problema de la relación: Luchas por las tareas del hogar

La mayoría de las parejas trabajan fuera de la casa y a veces en más de un trabajo. Por lo tanto, es vital dividir equitativamente las responsabilidades del hogar.

Estrategias para la resolución de problemas:

Ser organizados y claros en cuanto a sus trabajos dentro de la casa. Escribe todas las tareas y acuerden quién hará qué, o qué horario de trabajo. Se honesto acerca de lo que haces o no quieres hacer y para qué tienes tiempo.

**Mantente abierto a soluciones alternativas:** Si cada uno de ustedes odia las tareas domésticas, tal vez puedan pedir un servicio de limpieza. O tal vez puedan ser un poco más laxos con el nivel de limpieza de la casa. Si eres un fanático de la limpieza pero tu pareja no lo es, ¿hay algún intermedio que se pueda encontrar? Siempre hagan un esfuerzo para reunirse en el medio.

Problema de la relación: No priorizar su relación

Si deseas mantener tu relación, es necesario priorizarla. Haz que sea importante y que valga la pena. Reconocer la importancia de la misma, valorarla y nutrirla para que resista el paso del tiempo.

Estrategias para la resolución de problemas:

Vuelve a las cosas que hacías cuando empezaste a salir. Apréciense, háganse cumplidos, pónganse en contacto durante el día y muéstrense un interés genuino por el otro.

Programen un momento para salir en una cita y planifiquen con tanta consideración como cuando trataban de ganarse el uno al otro.

El respeto es muy importante. Aprendan a ser agradecidos. Si tu pareja hace algo que te hace feliz, nunca dudes en mostrar tu gratitud diciendo gracias. Dejen que su pareja sepa lo que más les importa, ellos.

Problema de la relación: Conflicto

Los conflictos ocasionales son parte de la vida. Sin embargo, si tú y tu pareja discuten constantemente, es hora de romper el ciclo y liberarse de esta venenosa rutina. En lugar de enfadarse, mira cuidadosamente los problemas subyacentes y busca posibles formas de resolver el asunto sin hostilidad.

Estrategias de resolución de problemas:

Tú y tu pareja aprenderán a discutir de una manera extremadamente civilizada y útil.

Date cuenta de que no eres una víctima - es tu elección si reaccionas de la manera en que lo haces. Se honesto contigo mismo y con tu pareja sobre cómo te sientes.

Una vez que estés en medio de una discusión, presta atención a la forma en que expresas las cosas y al tono de tu voz. ¿Estarías de acuerdo con que tu pareja te hablara de la manera en que tú le hablas? Pon el amor y la amabilidad en primer lugar, y nunca olvides que la persona con la que estás discutiendo es también la persona que has elegido para pasar tu vida. ¿Vale más el conflicto que la relación?

Si todavía respondes con el tipo de enfoque que te ha traído dolor e infelicidad en el pasado, no puedes esperar un resultado diferente en este momento. Por ejemplo, si tienes el hábito de interrumpir a tu pareja antes de que termine de hablar porque quieres defenderte, espera unos momentos. Te sorprenderás de cómo, tal cambio de tempo tendrá un efecto notable en el tono de un argumento.

Dar un poco, conseguir montones. Discúlpate cuando te equivoques. Es una manera poderosa de mostrarle a tu pareja que tú los valoras por encima de tener la razón. Pruébalo y ve el increíble resultado.

No puedes controlar el comportamiento de otra persona; no debes dejar de reconocer el hecho de que sólo estás a cargo de ti mismo.

Problema de la relación: Confianza

La confianza es vital en lo que respecta a la relación. ¿Siempre ves que las cosas que hacen que tu confianza en tu pareja disminuya? ¿O tienes problemas que aún no se han resuelto y esto te hace no confiar en otras personas?

Estrategias para la resolución de problemas:

Tú y tu pareja desarrollarán la confianza mutua considerando los siguientes puntos.

- Siempre se consistente.

- Se puntual.

- Nunca dejes de hacer lo que has prometido hacer.

- No digas una mentira... ni siquiera una mentira piadosa a tu amante o a cualquier otra persona.

- Sé justo, incluso en una discusión.

- Sé sensible a los sentimientos del otro. Seguirás estando en desacuerdo, sin embargo no descartes cómo se siente tu pareja.

- Llama cuando digas que lo harás.

- Llama para mencionar que llegarás tarde a casa.

- Hazte cargo y cumple las promesas y responsabilidades.

- Nunca digas cosas que no puedas retirar.

- No reabras viejas heridas.
- Ten en cuenta los límites de tu pareja.
- Evita los celos innecesarios.

Sé siempre realista. Pensar que tu pareja puede satisfacer todos sus deseos - y será capaz de resolverlos sin que tú digas nada - podría estar más cerca de una fantasía de Hollywood. Pide lo que quieras directamente.

Debes estar siempre listo para hacer que tu relación funcione y para investigar realmente lo que se debe hacer. No llegues a la conclusión de que no puedes disfrutar de una relación pacífica y amorosa con otra persona hasta que hayas examinado todos los conflictos e intentes abordarlos. A menos que atiendas a los problemas de tu relación actual, cualquier relación futura se verá empañada por los mismos problemas.

# Capítulo 4: Identificar los comportamientos que desencadenan la ansiedad

La ansiedad no saludable puede tener un gran impacto en tu vida. Te impedirá hacer las cosas que deseas. Cuando estás ansioso, tienes la sensación de que tu vida está bajo el control de una fuerza externa. La ansiedad es un círculo vicioso y negativo que te consume completamente y puede tener un efecto en tu bienestar, tu relación, tus hobbies y más. Se siente difícil romper esta ansiedad, pero la posibilidad existe. La ansiedad a menudo hace que la gente asuma que ya no está a cargo y que no puede hacer nada al respecto. Este no es el caso - puedes aprender a controlar tus ansiedades y encontrar la felicidad.

El trastorno de ansiedad se produce cuando sientes regularmente niveles desproporcionados de preocupación, tensión o miedo debido a un desencadenante emocional. La capacidad de identificar la razón detrás de una serie de ataques de ansiedad es la clave del éxito del tratamiento.

1. Factores ambientales: Los elementos de tu entorno pueden desencadenar la ansiedad. Las preocupaciones y el estrés asociados con una relación privada, el trabajo, la escuela o las dificultades monetarias pueden provocar el trastorno de ansiedad.

2. Genética: Las investigaciones han demostrado que si algún miembro de tu familia ha tratado el trastorno de ansiedad, hay muchas probabilidades de que tú también lo experimentes.

3. Factores médicos: Diferentes cuestiones médicas pueden conducir a un trastorno de ansiedad, como los efectos secundarios de las drogas, los síntomas de una enfermedad o el estrés de una difícil condición médica subyacente. Estas condiciones pueden llevar a

cambios significativos en el estilo de vida como el dolor, la restricción de movimiento e incluso el desequilibrio emocional. Cabe señalar que la ansiedad puede ser desencadenada por cualquiera de estos problemas.

4. **Química cerebral:** Las experiencias que son traumáticas o estresantes pueden alterar la estructura y el rendimiento del cerebro, haciéndolo reaccionar a ciertos desencadenantes que pueden no haber causado ansiedad anteriormente.

Las relaciones son sorprendentes y muy satisfactorias, con la oportunidad de ser felices, divertidas, conversaciones interesantes y citas emocionantes. Sin embargo, también pueden ser una fuente importante de agitación y preocupación. Tu capacidad para identificar las principales fuentes de ansiedad en tu relación te ayudará a mantenerte alejado de ellas, mejorando así el equilibrio y la estabilidad de tu relación.

A continuación, te explicaré algunos de los desencadenantes más comunes de la ansiedad en tus relaciones y cómo buscarlos y controlarlos.

Lo que más desencadena la ansiedad es cuando eres vulnerable a otra persona. Anhelamos la seguridad y el amor en una relación. Si te han herido antes, el miedo a ser herido de nuevo puede hacerte sentir ansioso.

Las preocupaciones financieras de cualquiera de los dos miembros de la pareja es otra causa de ansiedad en las relaciones. La mayoría de las veces, las personas no revelan completamente sus problemas de dinero o sus fortalezas financieras. Se abren cuando surge un problema, y en este momento puede ser demasiado tarde. Puede ser que no seas compatible con tu pareja cuando se trata de ahorrar y gastar dinero, o que ni siquiera compartas las mismas opiniones sobre el dinero con ellos. También es fácil para ti dejarte llevar por el amor y cerrar los ojos ante los medios financieros de tu pareja. Cuando los gastos de la vida real se establecen y parece que estas llevando el peso de ellos, la ansiedad se establece. El dinero en las relaciones es una constante.

Otra causa fundamental de la ansiedad en las relaciones son los celos. Tu incapacidad para confiar en tu pareja puede llevar a los celos. Los celos también son el resultado de la falta de confianza en ti mismo y en tus habilidades, junto con una baja autoestima. Para superar esto, construye tu autoestima y comienza a pensar muy bien de ti mismo. La mejor manera de erradicar los celos es construyendo tu autoestima.

Los celos pueden revelar nuestros mayores miedos e inseguridades, y esto puede llevar rápidamente a una atmósfera insana y tóxica en tu relación. Cuando estás celoso, te sientes abrumado y empiezas a imaginar lo peor.

El miedo a ser abandonado y el miedo al rechazo son también causas importantes de ansiedad en las relaciones. Cualquier inseguridad que tengas se refleja en tu pareja. Es normal que te preocupes por estas cosas, pero en lugar de guardarte los pensamientos para ti mismo, háblalos en voz alta y mantén una conversación sobre ellos con tu pareja. Tienes que desarrollar una identidad y un sentido del yo más fuertes. Tienes que aprender a ser consciente de tu estado mental y de tus procesos de pensamiento para mantener todas las ansiedades a raya. La mayoría de las discusiones que tienes con tu pareja sobre tu familia, trabajo, vida social o dinero, en realidad tienen alguna forma de rechazo como sus raíces. El sentimiento subyacente y el miedo durante estas peleas es que serás rechazado. Por ejemplo, si tienes una discusión acalorada sobre cuánto tiempo pasa tu pareja con sus amigos, en realidad se trata de por qué no pasa ese tiempo contigo.

Tu capacidad para relajarte en tu relación hará que te sientas menos rechazado y que ya no estés a la defensiva. Está presente en tu relación y no tengas pensamientos negativos.

Debes establecer deliberadamente límites claros

sobre el tipo de información que se te mete en la cabeza. Trabaja para evitar que la información y los comportamientos no deseados entren y penetren en tu mente.

Cuando la ansiedad llame a tu puerta, ábrela, dirígete a ella, mírala, inhala profundamente y cierra la puerta, sabiendo que te has armado con toda la información que necesitas. No tienes que dar la bienvenida a la ansiedad con los brazos abiertos, pero puedes reconocer que está ahí.

La comunicación continua con un ex es otro desencadenante de la ansiedad. La comunicación con un ex debe ser manejada con cautela. Esto se debe a que puede llevar a una gran ansiedad, ira, y eventualmente a una ruptura en tu relación actual. Si tienes que comunicarte con tu ex, debes explicarle por qué a tu pareja y asegurarte de que toda la comunicación sea estrictamente platónica y transparente. Si no tienes que comunicarte con tu ex, no lo hagas.

La distancia respaldada por la falta de comunicación puede contribuir enormemente a la ansiedad entre tú y tu pareja. Cuando tu pareja no está físicamente disponible por un largo período de tiempo, puede ser difícil encontrar seguridad y por lo tanto la ansiedad se instala. Incluso si hablas por teléfono y videollamada con regularidad, puedes sentir un vacío en tu corazón. En situaciones como ésta, debes confiar en el poder de las palabras para comunicar tus sentimientos a tu pareja. Siéntete libre de decirle a tu pareja lo que necesitas de ella, exprésate y habla de cualquier inseguridad que puedas estar pasando. Al hacerlo, tu pareja podrá abordar esto y tranquilizarte con su amor y compromiso.

Otra causa importante de ansiedad es la duda. Puede ser debilitante cuestionar cada movimiento y acción de tu pareja, preguntándote si tomó la decisión correcta o qué pasos siguientes debes o no debes tomar. Si tienes grandes dudas, empieza a hacer un esfuerzo consciente para liberarte y eliminar las dudas. Despeja tu mente de toda pregunta que te haga dudar de tu relación o de tu pareja. Respira profundamente, cálmate y disfruta de tu relación. Decídete a disfrutar de tu relación y de tu pareja permitiéndote la libertad de no tener que tomar ninguna decisión sobre tu relación durante un período de tiempo.

Un desafío importante para la salud también puede desencadenar ansiedad en su relación. Tú o tu pareja pueden ser sorprendidos por un diagnóstico o un susto médico. Esto también puede estresarte y causarte una gran cantidad de ansiedad dentro de ti mismo. Si tú o tu pareja se enferman, la ansiedad se instalará de forma natural. Este problema de salud puede hacer que tu pareja se quiebre emocionalmente. Tendrás que ser muy paciente y calmarte con ella durante este proceso. Proporciónale todo el apoyo que puedas durante este tiempo y deja que se asegure de tu amor y compromiso inquebrantable.

## Cómo poner fin a estos comportamientos

La ansiedad no sólo te estresa, sino que también puede causar angustia en tu relación en general. Estar en una relación con una pareja ansiosa puede ser confuso, y debes tomar medidas para abordar los factores desencadenantes de la ansiedad en su relación.

También debes tener en cuenta que la calidad y las experiencias de una relación también pueden provocar ansiedad. Puede que no se trate necesariamente de tu actitud o del comportamiento de tu pareja. A medida que la relación progresa, las cosas pueden complicarse, y el control de la ansiedad en la relación tiene más que ver contigo primero que con tu pareja.

Una de las principales formas de poner fin a la ansiedad y sus desencadenantes en la relación es ejercitar y practicar otras estrategias de reducción de la ansiedad. Puedes integrar fácilmente el ejercicio en tu vida diaria de inmediato. Las investigaciones han demostrado que el ejercicio es tan poderoso como la mayoría de los medicamentos contra la ansiedad para detener los síntomas de la ansiedad.

También puedes tratar de reconstruir la confianza en tu relación como una forma de despejar toda la ansiedad que pueda existir. Si sientes que la confianza en tu relación se ha ido, ten una conversación con tu pareja sobre cómo empezar la relación de nuevo desde el principio. La confianza es la base de una relación y debe crecer y ser saludable. Date tiempo a ti y a tu pareja para volver a cultivar una relación de amor y confianza.

La comunicación sobre tus necesidades también es importante para calmar todas las ansiedades de la relación. Habla de tus necesidades con tu pareja; escríbelas para que nadie las olvide. Luego asegúrate de abordar también las necesidades y deseos de tu pareja, que son tan importantes como los tuyos propios.

Otra forma de poner fin a los comportamientos ansiosos es estar mentalmente ocupado. Cuando llenas tu mente con otras actividades productivas, puedes sacar tu mente de tu relación. Esto disminuye la frecuencia con la que tu mente puede vagar hacia las emociones negativas. Actividades como leer un libro atractivo, salir con amigos, tener citas, ver la televisión y hacer otras actividades al aire libre pueden mejorar el estado de ánimo de tu relación y ayudarte a mantenerte mentalmente ocupado.

En la medida de lo posible, se muy físico con tu pareja durante los momentos de ansiedad. Es muy importante tocar, sostener las manos y besar incluso cuando estás enojado con tu pareja. Mantenerse afectuoso incluso en momentos estresantes o difíciles les ayuda a ambos a reconectarse y a estar seguros de que el amor y la intimidad no se han ido por la ventana.

Tendrás que seguir intentándolo, aprender a calmarte, tranquilizarte y consolarte en situaciones de ansiedad. Decídete a tener una mente sana y a manejar el estrés y la negatividad en tu vida.

También puedes practicar ejercicios de respiración profunda. Estas son técnicas de relajación que pueden ayudarte a manejar los problemas de pánico, reducir el estrés y lograr la calma. Cuando respires profundamente, te enfocarás en el proceso de respiración, que implica que tu vientre y caja torácica se llenen completamente con cada inhalación, seguido de exhalaciones completas, dejando así salir todo el aire. Estos ejercicios de respiración fáciles de aprender reducen la ansiedad drásticamente. Te sentirás más relajado, con más energía y refrescado. Cuando respiras más profundamente, te sientes más calmado y más en control cuando la ansiedad llama a tu puerta. Te ayuda a cambiar tu enfoque hacia el ritmo de tu respiración y limpia tu mente de pensamientos ansiosos, temerosos y negativos.

Todas las relaciones necesitan confianza, ternura, paciencia y un toque de vulnerabilidad. Los individuos con ansiedad suelen tener esto a montones y pueden aportarlo generosamente a la conexión. El problema es que la ansiedad trabaja para erosionar algunas de estas cualidades mientras amplifica otras.

Todas las relaciones experimentan luchas, pero una vez que la ansiedad está en juego, las luchas se vuelven más arraigadas y más difíciles de manejar.

Aquí hay algunas formas en las que puedes fortalecer tu relación y defenderla del impacto de la ansiedad:

***Recarga los recursos emocionales.***

La conexión emocional entre tú y tu pareja es de lo que estamos hablando aquí. Lo que hace la ansiedad es drenar y debilitar la conexión emocional entre los dos. Recarga tus recursos emocionales siendo sensible a las necesidades físicas y emocionales de tu pareja.

***Deja que tu pareja te vea como un apoyo también.***

Es posible que tu pareja se sienta reacia a "agobiarte" con preocupaciones, sobre todo si esas preocupaciones no parecen tan grandes como las que estás combatiendo.

Las personas con ansiedad tienen mucha fuerza. Asegúrate de hacerle saber a tu pareja que no importa cuán grandes o pequeñas sean sus luchas - tú también estás ahí para apoyarlos y ayudarlos. La tendencia será que las parejas de las personas ansiosas desestimen sus propias preocupaciones, sin embargo, esto puede significar que se están quitando a sí mismos la oportunidad de sentirse alimentados y apoyados por ustedes - lo cual puede ser una gran pérdida para cada uno de ustedes.

*Deja que tu pareja participe en lo que estás pensando*

Los pensamientos ansiosos son sumamente personales, pero es beneficioso dejar que tu pareja participe en ellos. Es una parte vital de la intimidad, y la esencia de una relación es la intimidad. Tú actúas en contra de este propósito cada vez que no compartes lo que le molesta con tu pareja. Aparte de eso, también se ha descubierto que las parejas que no comparten sus pensamientos con el otro están emocionalmente distanciados. Por lo tanto, hazle saber a tu pareja lo que estás pensando. No sólo fortalece el vínculo, sino que también te alivia de la carga de lo que ocupa tu mente.

### *Pedir apoyo está completamente bien - pero hay límites*

La ansiedad inyecta un sentimiento de desagrado en todo. Una vez que se deja sin control, puede hacer que dudes de las cosas que no se deben dudar - como tu relación. Está más que bien y de hecho es saludable recurrir a tu pareja para que te apoye. Sin embargo, una demanda excesiva podría sentirse como una necesidad. La necesidad es el enemigo de una relación sana y con el tiempo se apagará la chispa.

### *Es normal sentirse vulnerable*

El malestar puede impactar la conexión entre tú y tu pareja de diversas maneras. En algunos individuos, puede desencadenar la tendencia a un consuelo constante, mientras que en otros puede hacerles ceder a la desesperación. La vulnerabilidad - estar emocionalmente disponible para otros - es encantador y es la quintaesencia de una conexión efectiva y sólida. La vulnerabilidad es normal, y no deberías rehuirla o dejar que su presencia te haga sentir ansioso.

### Las discusiones incómodas pueden acercarte

No evites los temas dolorosos sólo porque te hagan sentir incómodo o porque tengas miedo de que te causen problemas. Todas las relaciones tendrán temas "incómodos" que son exclusivos de la pareja, pero alejarse de ellos puede empeorar las cosas. La tentación puede ser la de abstenerse de discutir temas problemáticos con tu pareja a la luz de las preocupaciones sobre lo que pueden hacer en la relación. Los temas problemáticos no desaparecen, sino que empeoran hasta que llegan a un punto de ruptura. Confía en que tu pareja, y tú mismo, puedan manejar las discusiones difíciles. Las conexiones se basan en la confianza, y creer que su relación puede pasar por discusiones problemáticas y salir indemne es significativo.

### *Dile a tu pareja lo que te desencadena*

¿Hay alguna circunstancia específica que en general ponga en marcha tu nerviosismo o tu ansiedad? ¿Grupos? ¿Las personas de fuera? ¿Cambio de planes? ¿Música fuerte en el vehículo? ¿Llegar tarde? Habla con tu pareja sobre todas estas cosas para que en la remota posibilidad de que termine en estas circunstancias, reconozca que está pasando por algo y pueda ayudarte o ponerle fin a lo que sea que esté desencadenando tu ansiedad.

### *Asegúrate de que te estás cuidando*

Estar encaprichado es un sentimiento encantador y abrumador, sin embargo, puede llevarte a prestar toda tu atención a tu pareja y a descuidarte a ti mismo. Esto es especialmente problemático para alguien con ansiedad. Recordar comer bien, hacer ejercicio y tomarse un tiempo para sí mismo no sólo te mantendrá sano físicamente, sino que también afectará a tu salud mental. En la remota posibilidad de que cuidarse a sí mismo se sienta egoísta, considéralo de la siguiente manera: si no te cuidas a ti mismo, ¿cómo puedes cuidar a tu pareja?

Considera el cuidado de ti mismo como un interés en ti, en tu relación y en tu pareja. Ten en cuenta también que todo lo que es útil para combatir la ansiedad es útil para todos, así que habla con tu pareja sobre la búsqueda de una forma de vida sana juntos: cocinando, haciendo ejercicio y dedicando tiempo al autocuidado.

### *Comprende que tu pareja tendrá limitaciones*

Debes ser consciente del hecho de que tu pareja es humana, y por lo tanto tienen sus limitaciones. Por lo tanto, no debes esperar que sea perfecta en todo momento. Te salvarás de una ansiedad innecesaria cuando seas consciente de este hecho. Date cuenta de que regañar o insistir mucho en un tema no beneficiará su relación. La comunicación es importante en una relación, pero cuando se sigue hablando una y otra vez sobre el mismo tema sin buscar una solución, puede ser muy frustrante. Por lo tanto, necesitas tomar nota de esto.

Además, debes reconocer el hecho de que tu pareja te ama y te aprecia. Tu capacidad para aceptar las limitaciones de tu pareja te ayudará a superar los problemas de ansiedad. Acoge sus limitaciones - esta acción fortalecerá tu relación y fomentará el amor. El estrés es un enemigo de las relaciones. La comprensión mutua de las debilidades del otro elimina el estrés en una relación. Sin embargo, el estrés se esfuerza si la pareja se niega a aceptarse como es.

***Ríanse juntos***

¡Esto es muy significativo! La risa es una cura natural para la presión y la tensión que acompaña a las relaciones. Encontrar el humor en la vida te acercará, especialmente en momentos de angustia, y te ayudará a recordar por qué te enamoraste en primer lugar. La ansiedad tiene una forma de hacerte olvidar que la vida no debe tomarse tan en serio. Si hace tiempo que no te ríes, busca algo que te haga sonreír, para empezar. Una película divertida, algo en YouTube, recuerdos del pasado... cualquier cosa.

El comienzo estrellado del amor es tan encantador como de corta duración. Las relaciones, no importa lo buenas que sean, vienen con sus altibajos. Desde el placer de darse cuenta de que alguien te ama tanto como tú a él, hasta la desolación de la incertidumbre, hasta la seguridad de saber que estás en ello a largo plazo - cada relación verá tanto momentos de alegría como de tristeza. La ansiedad puede prolongar estas penas - si lo permites. Trabajando a propósito para formar una conexión sólida con tu pareja, puedes detener los comportamientos ansiosos en su camino.

## Un ejercicio de respiración profunda

Cuando se practica el siguiente ejercicio de respiración profunda, es necesario estar en un ambiente tranquilo antes de pasar a los pasos: Comienza por sentarte derecho en una silla o en el suelo en cualquier posición cómoda, ej. Echado de espaldas.

Mantén los ojos cerrados para poder reflejarte en tu interior y enfocarte. Empieza a ser consciente de tu respiración. ¿Respiras despacio o muy rápido?

Ahora comienza a respirar intencionalmente, asegurándote de mantener los hombros relajados y quietos. Inhala profunda y lentamente por la nariz. Sentirás que tu diafragma se expande a medida que puede llenar tu cuerpo de aire. Ahora puedes comenzar a exhalar lentamente por la boca, permitiendo que el aire viciado salga de tu cuerpo.

Continúa concentrándote en tu respiración; repite de 5 a 10 ciclos más de respiración profunda.

En el momento en que empieces a respirar profundamente, empezarás a notar que algunas áreas de tu cuerpo se sienten menos tensas que otras. Esto se debe a que tu cuerpo libera el estrés con cada exhalación.

Antes de concluir este ejercicio, observa cómo te

sientes física, mental y emocionalmente.

Para sacar el máximo provecho de este ejercicio, es importante que practiques con regularidad y en momentos en los que ni siquiera te sientas ansioso.

Otra estrategia para ayudarte a sobrellevar la ansiedad es la relajación muscular progresiva. Este es un ejercicio que puedes utilizar para reducir los episodios de ansiedad preocupantes. Es un tipo de técnica de relajación, y puede ayudarte en momentos de mucho estrés o durante un ataque de pánico. Al relajar tu cuerpo, podrás dejar de lado los pensamientos y sentimientos de ansiedad.

**Relajación muscular progresiva: Técnicas paso a paso**

Mantente en una posición cómoda, puedes sentarte o acostarte. Elimina todas las distracciones y cierra los ojos para mejorar la concentración.

A través de tu nariz, respira profundamente. Sentirás que tu abdomen se eleva a medida que tu cuerpo se llena de aire. Exhala lentamente por la boca, llevando el ombligo hacia la columna vertebral. Repite este proceso de 3 a 5 veces.

Aprieta los pies y libera los músculos, aprieta los dedos de los pies y presiona los talones hacia el suelo. Aprieta fuertemente durante unas cuantas respiraciones, y luego suelta.

Continúa apretando y soltando cada grupo de músculos. Las piernas, las manos, los brazos, los hombros, el cuello, la cara. Aprieta cada grupo de músculos durante unas cuantas respiraciones y luego suéltalos lentamente.

Termina la práctica tomando unas cuantas respiraciones más. Notarás que se siente más tranquilo y relajado.

**Cómo dejar de preocuparse tanto**

Cuando se trata de la ansiedad o de un trastorno de pánico, la preocupación también es común. Te preocupas por tu pareja, el estado de tu relación, tus finanzas, el futuro - la lista es interminable. Es posible que te preocupes por cosas que ni siquiera han sucedido o que están fuera de tu control, como la salud, la seguridad y la protección de tu relación y un montón de otras cuestiones que te agotan constantemente.

Cuando te preocupas tanto, se convierte en una carga pesada y afecta negativamente a tu relación. También afecta a tu personalidad, autoestima, carrera y otros aspectos de tu vida. Incluso puede que te encuentres con un colapso emocional y mental. Es importante saber cómo poner a raya la preocupación. La preocupación no tiene que controlar tu vida, y puedes reducirla practicando los siguientes pasos:

Dedica un poco de tiempo a la preocupación. Puede parecer contradictorio programar "tiempo para preocuparse", pero puede ser justo lo que necesitas para reducir tus pensamientos ansiosos.

Puedes comenzar por determinar qué momento del día desea reservar para preocuparse. Puede ser por la mañana, para que puedas dejar de preocuparte, o por la noche para que puedas dejar de preocuparte antes de dormir. Esto puede ayudar a despejar tu mente de todas las preocupaciones que se acumulan a lo largo del día.

Habla con los demás sobre la preocupación. Puedes encontrar algo de alivio compartiendo tus pensamientos y sentimientos con un amigo de confianza o un miembro de la familia. Los miembros de la familia pueden ser una gran fuente de apoyo; pueden brindarte el amor, el apoyo y la orientación que necesitarás a lo largo de este período.

También puedes llevar un diario para ayudarte a superar las preocupaciones y la ansiedad. Si sientes que no tiene a nadie con quien hablar, un diario puede ser todo lo que necesitas para trabajar tu mente interior, tus sentimientos, tus emociones y tus preocupaciones.

Al aprender el acto del pensamiento positivo, puedes ser capaz de poner fin totalmente a la preocupación. La preocupación es un patrón de pensamiento negativo y puede contribuir a tu trastorno de ansiedad y pánico. Da vuelta a tus pensamientos echando un vistazo al otro lado de la preocupación o de un pensamiento negativo. Reemplaza esos pensamientos negativos por afirmaciones más realistas y positivas.

También debes aprender a relajar tu mente y tu cuerpo para vencer la ansiedad. Cuando se está en un estado de relajación, es más difícil sentirse preocupado. Puedes practicar diferentes actividades para alejar tu mente de las preocupaciones y ayudarte a mantenerte relajado.

**Formas de manejar la preocupación**

No siempre podrás dejar de preocuparte, pero puedes aprender a manipular el sentimiento para que no se apodere de ti o interfiera en tu vida. A veces, la mejor manera de controlar la preocupación es reconocerla, y luego tomar medidas para superarla.

*Dormir más*

Al igual que después de una noche de exceso, a veces sólo necesitas dormir la mona. La preocupación y la ansiedad son más propensas a arraigarse si estás mental y físicamente exhausto. Al dormir lo suficiente, estás tomando medidas para resolver el problema antes de que empiece. Aunque la preocupación y la ansiedad pueden mantenernos despiertos por la noche e incluso despertarnos de nuestro tranquilo sueño, aprovecha las noches de descanso o la siesta durante el día para mantener tus niveles de energía altos y aumentar tu capacidad para hacer retroceder la preocupación. Esto tiene el beneficio añadido de hacerte menos irritable, más saludable y más centrado en tu vida personal y en el trabajo. A su vez, esto elimina algunas de las causas de preocupación, como la mala salud o el mal desempeño laboral.

### *Reconocer la raíz de la preocupación*

Cuando te preocupas por algo, ¿sabes siquiera por qué? A menudo, nuestro tren de pensamiento corre tan rápido que lo que nos preocupa conscientemente puede no ser lo que originalmente desencadenó la reacción. Sigue tus pensamientos hacia atrás para descubrir de dónde vino la preocupación. Si sólo prestas atención a lo que está en el centro de tu mente, ignorarás el vasto recurso que es tu subconsciente.

Por ejemplo, digamos que te sorprende el pensamiento preocupante de que tu pareja pueda estar pensando en acabar con todo. Pensarás en las diversas señales, ya sean reales o imaginarias, y comenzarás a deslizarte por el terraplén del miedo y la irracionalidad. ¡Pero espera! ¿Por qué ocurrió el pensamiento en primer lugar? ¿Por qué te preocupas por algo que puede que ni siquiera sea verdad? Tal vez sientes que ha habido una falta de intimidad últimamente, o tu pareja no te está dando la atención que deseas. En lugar de ceder a la preocupación y pensar en el peor de los casos, sigue el pensamiento y determina cuál es la verdadera razón de tu preocupación para que puedas actuar.

*Escríbelo*

El diario es, como se ha mencionado, muy útil para

tratar la ansiedad. Si encuentras que tus pensamientos son abrumadores y no puedes concentrarte en nada, vacía tu mente poniendo todo en papel. A veces, ver tus miedos escritos te ayuda a ver lo insignificantes o irracionales que son. Incluso si no es así, tendrás una copia impresa a la que referirte en lugar de una fugaz brizna de un pensamiento que sale de la nada en el momento más inoportuno.

### *Sigue el tren del pensamiento*

Puede parecer contraproducente centrarse en lo que te preocupa, pero a veces puede ayudar a reproducir tus miedos en tu mente y descubrir que el resultado final catastrófico que imaginas puede no ser tan malo después de todo. Cuando empieces a preocuparte, sigue a donde vayan tus pensamientos.

Si empiezas a preocuparte de que tu pareja se aburra contigo, juega con las consecuencias en tu mente. Si se aburre conmigo, buscará a otra persona. Si busca a alguien más, lo logrará en poco tiempo porque son geniales. Me dejarán por esta persona o me engañarán. ¿Y ahora qué?

Una vez que llegues al final del proceso de pensamiento, puedes examinar la cadena de eventos para determinar qué tan probable es, o puedes tomar medidas para evitar que ocurran. Por ejemplo, puedes volver al primer pensamiento de "está aburrida de mí" y decidir condimentar las cosas. Si la realidad es que esté aburrida o no, no importa. Si puedes reconocer tus miedos y preocupaciones y tomar medidas para abordarlos, eliminarás la causa y por lo tanto el síntoma.

### *Escoge algo que puedas controlar*

Como en el ejemplo anterior, si tus pensamientos preocupantes incluyen algo sobre lo que puedas actuar, ¡hazlo! Gran parte de tu ansiedad y preocupación vienen de lugares de miedo que te dicen que lo desconocido es aterrador e incómodo, por lo que debes tratar de controlarlo para saber qué esperar. Aunque nunca podrás saberlo todo, puedes tomar medidas para prepararte para lo que pueda venir. No necesitas controlar tu destino - sólo el presente, y sólo dentro de tu propia vida. Recupera el sentimiento de control ejerciendo tu influencia, aunque sea pequeña.

# Capítulo 5: Conflictos en las relaciones

Los conflictos surgen en las relaciones de vez en cuando. Puede ser debido a problemas financieros, a sus familias que interfieren en sus decisiones, a su carrera profesional, a la educación de sus hijos, o a su nueva vida con la adición de un bebé. Todos estos elementos y más son la fuente de las discusiones entre tú y tu pareja, y pueden llevar a conflictos en la relación. Cuando esto ocurre de vez en cuando, no te preocupes demasiado, porque las discusiones pueden ser a veces para el bien de la relación.

No obstante, debes aprender a no dejar que las situaciones negativas duren demasiado tiempo, ya que de lo contrario tu relación puede debilitarse mucho. De hecho, los conflictos en tu relación son sinónimo del primer paso que desestabiliza una relación. Por lo tanto, debes ser capaz de manejar bien estas situaciones para encontrar la serenidad, la complicidad, y así reavivar la llama. Para que tu relación pueda continuar o incluso empezar bien, nunca debes dejar que las cosas empeoren quedándote de brazos cruzados o pensando que mañana será mejor.

El amor no es algo que se da por sentado - tienes que trabajar constantemente en ti mismo y en tu relación. Si no actúas a tiempo y permites que un conflicto persista en tu relación, te arriesgas a acercarte peligrosamente a la separación.

**¿Cuáles son las razones de los conflictos entre parejas?**

Para poder enfrentar al monstruo en su relación y enfrentar sus miedos, el primer paso es entender el origen del conflicto entre tú y tu pareja, y arreglarlo adecuadamente.

De hecho, no podrás ajustar completamente las tensiones en tu relación si no pones el dedo en el origen exacto del problema. Para resolver un problema de manera efectiva, debes conocer sus raíces. De lo contrario, todo lo que puedes hacer es poner una tirita en el problema. Las pequeñas tensiones pueden desencadenar grandes peleas cuando los problemas permanecen sin resolver.

Lo primero que hay que hacer para superar los conflictos en tu relación es identificarlos y reconocerlos.

Como mencioné en mi introducción, hay muchas razones para la situación por la que su relación está pasando hoy en día. Repasaré algunas de estas razones.

*Conflictos causados por la vida profesional*

Las tensiones pueden surgir porque se preocupan más por su carrera que por su pareja, o al menos, uno de ustedes puede pensar así. Esta situación puede hacer que tu pareja o tú mismo reaccionen fuertemente. No hay nada peor que sentirse abandonado por alguien a quien se ama.

Centrarse más en tu vida profesional que en su vida personal no sólo no es saludable cuando se es soltero, sino que es perjudicial cuando se está en una relación.

A veces es realmente difícil conciliar el trabajo y la familia, especialmente cuando se quiere iniciar un negocio o tener un trabajo muy estresante. Pero, para tener una vida equilibrada y evitar conflictos en su relación, es imperativo aprender a desconectarse del trabajo y a disfrutar de la vida con sus seres queridos.

### *Infidelidad y comportamiento inapropiado*

Hay actitudes que prohibir cuando se está en una relación. Si te aferras a un comportamiento que tu pareja considera imperdonable, tendrás problemas para recoger los pedazos e inevitablemente tu relación experimentará períodos de turbulencia.

También puede haber conflictos entre las parejas en caso de infidelidad. Si se encuentran en esta situación, estarán lidiando con luchas que van más allá del alcance de este libro. Busca una terapia, ya sea para ti o para ambos.

### *Cuando tu pareja ya no cumpla con tus expectativas*

La vida evoluciona, crece y cambia. Las relaciones también lo hacen. A veces, dos personas en una relación crecen por separado y llegan a un punto en el que ya no son las personas que eran cuando comenzaron la relación.

Cuando esto sucede, siéntate y ten una conversación sobre ello. ¿Qué expectativas tiene alguno de los dos que no se están cumpliendo? ¿Son estas expectativas razonables? La única forma de medir dónde está la relación es hablar de ella.

Para superar los conflictos en su vida amorosa, cualquiera que sea la fuente de las tensiones, lo primero que deben tratar de entender es por qué los conflictos están ahí para empezar. Para hacer esto, habla con tu pareja. La discusión puede ser incómoda, pero es necesaria. Tu ansiedad puede ser mayor, pero no dejes que te obligue a tener conductas precipitadas. Las discusiones tranquilas hacen más por los conflictos que las discusiones alimentadas por la ansiedad.

Muchas parejas tratan de evitar las peleas lo más posible. Otros culpan a la otra persona por ser la causa de las discusiones. Estas reacciones no resuelven las luchas y pueden incluso exacerbar los problemas.

La lucha es una parte ordinaria de la vida y las relaciones. Cuando se ignoran, causan más daño. Cuando se enfrentan de frente, se convierten en las herramientas para ayudar a las parejas a acercarse resolviendo los conflictos juntos.

Las luchas pueden surgir de suposiciones erróneas sobre:

- La naturaleza de la relación
- Variadas suposiciones sobre cómo se deben hacer las cosas en la casa
- Trabajo
- Las diversas obligaciones de cada socio
- Los contrastes en la moral, los valores, las necesidades o los deseos
- Mala comunicación

## Lo que los conflictos hacen a la ansiedad

Cuando surgen problemas en una relación, puede que sientas que todas tus ansiedades están justificadas y que finalmente resultan ser ciertas. ¡No te rindas ante esta forma de pensar! La ansiedad proviene de lo desconocido, y los conflictos surgen cuando las expectativas no se cumplen o las diferencias de opinión salen a la luz. Son saludables cuando se manejan adecuadamente, mientras que la ansiedad no es más que perjudicial. Algunas de las formas en que el conflicto puede afectar a la ansiedad incluyen:

### *Aumento del ritmo cardíaco*

El conflicto puede causar una liberación de adrenalina, que la ansiedad sólo empeora. Esto puede llevar a un rápido latido del corazón que a su vez causa falta de aliento y un aumento de la ansiedad gracias a estos síntomas fisiológicos. Es un círculo vicioso. La mejor manera de combatirlo es abordar el conflicto con calma. Si evitas levantar la voz, disgustarte o reaccionar con enojo, no desencadenarás una liberación de adrenalina y así calmarás los sentimientos de ansiedad.

### *Energía o movimiento nervioso*

De nuevo, gracias a la adrenalina, todo tu cuerpo reaccionará llenándose de repente de energía que tiene que ser utilizada de alguna manera. Ya que durante una discusión lo más probable es que no corras ni pelees, esa energía se traduce en el paso, los golpes en los dedos de los pies, los retorcimientos de manos, y el movimiento nervioso general y los tics energéticos. Estos pueden ser incómodos para ti y distraer a tu pareja cuando están en medio de un conflicto. Por supuesto, no es tu culpa, pero ese conocimiento no hace que desaparezca. Como en el caso anterior, aborda la situación con calma en vez de con ansiedad para evitar la liberación de adrenalina.

### *Ataques de pánico y ansiedad*

¿La ansiedad puede conducir a ataques de ansiedad? Qué impactante.

Puede que esta información no sea nueva, pero es

beneficioso para tu salud recordar que en los conflictos, lo mejor para ti es mantener la calma si tienes dificultades con la ansiedad y el pánico. La situación puede desencadenar un ataque, lo que puede empeorar todo. Los ataques de pánico y ansiedad se caracterizan típicamente por:

- falta de aliento
- dificultad de concentración
- sudor
- pensamientos acelerados
- sentimiento de fatalidad inminente

No hace falta decir que no son síntomas divertidos, y vale la pena ser consciente antes de entrar en una discusión, de que si no te mantienes firme, podrías provocar un ataque.

### *Comportamiento defensivo*

Nada es más perjudicial para la resolución constructiva de conflictos que la actitud defensiva. La ansiedad puede bloquear la parte más racional de tu mente que puede pensar en una situación de forma lógica. Sin esta lógica, puede ser difícil concentrarse en lo que dice tu compañero y, en vez de escuchar, hacer que te pongas a la defensiva, incluso si tu compañero no te está atacando. Mientras que tú debes defenderse absolutamente cuando eres tratado injustamente, si tu compañero está buscando una resolución pacífica, el mejor curso de acción es igualar sus intenciones y abandonar la defensa. Por supuesto, cuando tienes ansiedad, eso no es tan fácil.

*Apagarse*

En lugar de ponerse a la defensiva, podrías cerrarte por completo. La mente ansiosa puede ser incapaz de procesar lo que está sucediendo y carecer de la energía para trabajar a través de la situación, lo que lleva a un cierre total. Cuando esto sucede, eres incapaz de concentrarte, no puedes recurrir a la lógica o a la racionalidad para resolver un conflicto, e incluso puedes ser incapaz de comprender lo que tu pareja está diciendo. En el interior, te sentirás pesado y vacío, como si fuera una batería que se agotó de repente. Lo mejor que se puede hacer cuando esto sucede es descansar y recuperarse. Los conflictos se mantendrán hasta que seas capaz de recuperar tu mente y poner tu racionalidad a cargo.

## La clave para superar una fuerte disputa en una relación

Cuando te enfrentes a un conflicto en tu relación que esté creciendo, piensa en la forma en que expresas sus sentimientos o hablas de este conflicto con tu pareja. Una buena comunicación es cuando todos pueden hacer un balance y tratar de entender la actitud del otro. El conflicto será más fácil de manejar cuando no se vea exacerbado por tonos de ira e insultos innecesarios.

Para una comunicación efectiva del conflicto, hay 3 reglas a seguir:

- Evita levantar la voz y mantén la calma siempre que ocurra un conflicto.
- Permite que tu pareja hable y desarrolle su argumento, porque la comunicación no sólo implica hablar, sino también escuchar.

- Encuentra un punto medio, pero no hagas compromisos que puedan tener consecuencias negativas en el futuro.

Una pareja que discute pero que respeta estas tres reglas encontrará más fácil llegar a una resolución.

### *Las acciones necesarias para superar los conflictos entre parejas*

Las relaciones no siempre son fáciles, y estás aprendiendo constantemente. ¿Es posible no repetir los mismos errores y estabilizar la relación romántica? ¿Cómo puedes manejar los conflictos en tus relaciones sin convertirte en un felpudo?

Sigue estas recomendaciones para reconstruir el amor en una relación difícil:

- Una vez que entiendas las razones de las tensiones que están sacudiendo tu relación, puedes pasar a la fase más "directa" de la reconciliación. Es cierto que el primer paso puede ser muy psicológico, porque tienes que comunicarte con tu pareja.

- Es necesario poner en marcha acciones más técnicas y reflexivas para encontrar el corazón de tu pareja y superar la crisis de tu relación.
- Las acciones que has decidido poner en marcha deben corresponder a las diferentes cuestiones, de lo contrario estas últimas no tendrán efectos particulares y quizás incluso puedan agravar la situación. No busques una resolución sólo para acabar con ella, busca una resolución para mejorarla.
- No le eches la culpa a ninguna de las partes. Las relaciones son un esfuerzo de equipo, y ambos necesitan estar en él plenamente, o no estarlo en absoluto.
- Si tu pareja o tú mismo no se sienten realizados en su relación, necesitan pasar tiempo juntos para entender mejor sus problemas y lo que ambos necesitan de la relación.

Toda relación experimenta conflictos en un momento u otro. Es importante saber que el desacuerdo no es necesariamente algo malo - es una forma en la que las personas expresan sus diversos puntos de vista sobre una situación o tema.

### *Resolución de conflictos en relaciones sanas*

La comunicación es el combustible que sostiene una relación. Y cuando decimos que una relación es saludable, significa que la pareja valora la comunicación y nunca permite que la falta de comunicación afecte su unión. Una buena manera de desarrollar una relación saludable es practicar una resolución de conflictos exitosa sin la interferencia de un tercero.

Es normal estar en desacuerdo en algunos asuntos; sin embargo, el conflicto constante es un signo de una relación poco saludable. Por lo tanto, si discutes con tu pareja sobre cuestiones triviales como el tipo de amigo con el que sales, dónde ir a cenar o a una cita nocturna, y quién debe ocuparse de qué tareas domésticas, entonces estos consejos son para ti. Te ayudarán a resolver todas tus discusiones amigablemente.

No cruces tus límites: Trata a todos con el respeto que se merecen, estés o no enfadado. No respondas de la misma manera si tu pareja te ridiculiza, te insulta y usa palabras provocativas durante la discusión. En lugar de responderle, intenta mantener la calma y aléjate si no cede a tu petición de parar. Hazle saber que puede continuar con la discusión cuando las tensiones sean menores.

Averigua la raíz del asunto: La discusión no se da así como así; debe haber una razón para ello. Así que una forma efectiva de resolver un conflicto es desenmascarando el verdadero problema. Trata de entender a tu pareja. Tal vez necesite atención especial, o simplemente se sienta insegura. Conocer la causa principal de una discusión te ayudará a resolverla amigablemente. El resumen del punto que estoy tratando de hacer aquí es que no debes alejarte del verdadero problema.

Siempre resuelve los conflictos: Siempre está en tu mejor interés resolver cada asunto que surja. Nunca pretendas que todo está bien mientras tengas algo hinchándose dentro de ti. Tu objetivo es tener una relación saludable, así que todo debe estar al descubierto. Es cierto que no siempre puedes estar en la misma página, pero debes respetar las diferencias de cada uno.

Acordar cuando sea necesario: El acuerdo es uno de los ingredientes de una relación saludable. No tienes que estar siempre decidido a ganar la discusión. Hay algunas situaciones en las que tienes que dejar ir y aceptar que estás equivocado.

Toma nota de todo: No debes ser indiferente a tu pareja. Debes tomarte tiempo para considerar las cosas que le molestan, y también considerar si se está aprovechando de ellas o está siendo lo suficientemente considerada. ¿Desde qué ángulo tu pareja ve los problemas? Necesitas encontrar respuestas a estas y muchas más preguntas, ya que te ayudarán a entender mejor a tu pareja.

Si has intentado todos los trucos anteriores y los argumentos persisten, ahora debes buscar el área de la compatibilidad. ¿Son compatibles el uno con el otro? Si la respuesta es afirmativa, entonces aprendan a trabajar con el otro e implementen todo lo que han aprendido de este libro.

El conflicto es una forma de expresar vuestras diferencias individuales, pero no debería degenerar en ataques físicos o en la lluvia de abusos entre vosotros. Esto nunca es aceptable y de hecho es lo opuesto a una relación saludable. Nunca permitas el abuso verbal en ninguno de los dos lados, y decide cuándo poner fin a una discusión si descubres que va en esa dirección.

Tengan en mente que una de las señales de una relación no saludable es cuando una pareja tiene una actitud dominante, y cuando una pareja trata de manipular o controlar al otro en todo momento.

En una nota final, presta atención a lo que molesta a tu pareja. Estas son algunas de las cosas que pueden molestar a tu pareja:

- Siempre estás poniendo excusas para no hacer cosas con ella (y tal vez te preguntes por qué lo haces)

- En lugar de pasar tiempo con tu pareja, saliste con amigos (¿pasas la misma cantidad de tiempo con tu pareja y tus amigos?)

- No le prestas atención cuando hablan

- No respondes a sus mensajes o llamadas después de un tiempo razonable

Cómo resolver conflictos en sus relaciones de forma anticipada

Derrotar con éxito un conflicto en una relación es algo bueno, y todo puede sentirse de color de rosa por un tiempo. Por supuesto, surgirá otra cuestión, pero no hay que permitir que estas crisis se repitan con demasiada regularidad, porque un conflicto constante puede llevar a una separación a largo plazo. Las disputas pueden tomar vida propia, y convertirse en argumentos que amenazan la relación.

Por lo tanto, debes estar preparado para anticiparte a estos problemas y hacer lo que puedas para hacer feliz a su pareja (y a ti mismo), no sólo durante las crisis sino también en la vida cotidiana. Para ello, da todo de ti en la relación sin esperar a que empiecen las tensiones. No esperes a que se produzcan las discusiones, anticípate a ellas y trabaja para resolverlas antes de que estallen, y verás que tu pareja actuará exactamente de la misma manera.

# Capítulo 6: Estrategias para mejorar las relaciones existentes

Si has encontrado a alguien con quien quieres pasar el futuro previsible y te gustaría empezar con buen pie o trabajar para mejorar la conexión que ya tienes, considera algunos de los siguientes puntos:

**1. Tener visiones y valores comunes**

Si una persona es derrochadora y la otra es ahorrativa, si una vigila su dieta y la otra sólo come comida basura, si una está a la derecha y la otra a la izquierda del espectro político, etc., hay muchas posibilidades de que se produzcan batallas, con frecuencia.

Para que su relación dure, deben tener un conjunto de puntos en común para los que se reúnan y una visión que les permita proyectarse en un futuro brillante.

¡Todo esto ayuda a compartir los sueños y un buen entendimiento del otro!

## 2. Gratificar al otro y dar reconocimiento

Estés o no casado, mucho de lo que destruye a las parejas y relaciones proviene de dar el uno al otro por sentado. ¿Cómo se traduce esto en la vida diaria?

Cuando te abstienes de esforzarte, cuando no pones de tu parte para nutrir la relación, cuando criticas demasiado y con demasiada frecuencia, cuando no te tomas sus sentimientos a pecho ni reconoces sus luchas, y cuando crees ingenuamente que tu pareja te amará para siempre, independientemente de lo que hagas.

Las relaciones no funcionan así.

Para que cada persona en una relación se sienta amada y apreciada, ambos deben expresar su gratitud y reconocimiento al otro de manera regular.

Esta actitud alimenta la colaboración, fomenta una fuerte conexión y nos ayuda a apreciar a nuestra pareja. No nos deben su afecto, así que saber que se da libremente es gratificante.

## 3. Estar orgulloso de la persona con la que se tiene una relación

¿Cómo puedes vivir felizmente como pareja si no admiras, al menos, a la persona con la que estás?

No es necesario haber recibido un Premio Nobel, haber curado el cáncer o haber resuelto el hambre en el mundo. Si no aprecias al menos un rasgo de la otra persona (inteligencia, belleza, determinación, coraje, humor), no aprecias su lugar en tu vida. La gente se inclina hacia aquellos que expresan amor, aceptación y satisfacción. Haz que tu pareja se sienta amada y aceptada todo el tiempo.

## 4. Tener expectativas realistas

Algunas mujeres buscan continuamente un imposible Príncipe Azul y creen que el amor debe parecerse a un cuento de hadas, mientras que los hombres pueden estar influenciados por las normas poco razonables establecidas por los medios de comunicación.

Sean cuales sean estas expectativas infundadas, si son irreales, por definición, generarán decepción.

Las investigaciones en el ámbito de la psicología positiva han demostrado que es mejor tener expectativas realistas y modestas en la medida de lo posible, incluso en las relaciones.

Si estás contento con lo que tienes, encontrarás satisfacción.

Si siempre busca reemplazar a su pareja por alguien "mejor", sin ver sus verdaderas cualidades, se condenará a una eterna búsqueda de una ilusión que sólo existe en su imaginación.

### 5. Dale mucho afecto, y de forma regular

Las investigaciones también han demostrado que las parejas duraderas son aquellas que han sido capaces de reemplazar gradualmente el amor y la pasión por el apego.

No somos conscientes de ello, pero mucho de nuestro comportamiento está determinado por nuestras hormonas y nuestros neurotransmisores. Los mimos, el afecto y la ternura estimulan la producción de oxitocina, la hormona del apego.

Si quieres alimentar el bienestar de tu pareja, no debes olvidar el poder de mostrar afecto.

**6. No dejes que la llama sexual se apague**

Después de la pasión al principio de la relación, con el tiempo, la frecuencia con la que haces el amor puede reducirse. Esto puede ser por muchas razones, ninguna de las cuales debe ser usada para asignar la culpa.

Si esta tendencia continúa, el deseo sexual puede terminar extinguiéndose. Sin (necesariamente) sacar el látigo y las esposas, es posible continuar encendiendo la llama sexual.

Sí, algunas ropas y juguetes pueden ayudar, pero la verdadera clave es dedicar suficiente tiempo a la intimidad en su relación, a pesar del tumulto de la vida cotidiana.

Comer bien, hacer ejercicio y mantenerse sano puede ayudar a mantener la llama viva a pesar del paso del tiempo.

Pero, también depende de tu gusto y el de tu pareja. Esto encaja en una visión más general que también proviene de tu propio desarrollo personal y salud.

**7. Mantente abierto a mejorar y a trabajar en ti mismo.**

Si tú o tu pareja viven constantemente en un estado de orgullo y abnegación, es evidente que la relación se está preparando para la perdición.

Estar en una sociedad o relación significa trabajar en uno mismo, hacer compromisos, reconocer los defectos y errores, y trabajar para corregirlos.

Las personas orgullosas suelen evitar cuidadosamente este tema: ellos mismos, y más particularmente sus errores y faltas. Será difícil para ti vivir con una persona así, a menos que sueñes con compartir tu vida con un manipulador.

## 8. Mantente fiel

Ser fiel implica salir del egoísmo excesivo que nos hace priorizar nuestro placer ignorando el de la persona que amamos.

Una persona mínimamente empática se dará cuenta rápidamente de que si no quiere que la otra persona le engañe, tampoco es un comportamiento aceptable para ella misma.

Si afirmas amar realmente a la otra persona, engañarla se convierte en la última cosa en tu mente.

El amor es una de las experiencias más ricas que tenemos que vivir a través de la felicidad y las dificultades. ¿Por qué manchar eso con mentiras e infidelidad?

En resumen, las relaciones románticas son dinámicas, como la vida, como aquellos que las viven. Para vivir estas relaciones enriquecedoras, primero debes reconocer que tu punto de vista no es el único.

Sólo tratando de entender a los demás se llega a construir relaciones más fructíferas.

El respeto, la empatía y la comunicación conducen a relaciones más satisfactorias que la necesidad de tener constantemente razón.

Los conflictos no pueden evitarse en las relaciones. Dos personas que aportan experiencias vitales diferentes tendrán inevitablemente desacuerdos.

Pero cuando se esfuerza por alcanzar sus objetivos sin importar lo que la otra persona quiera, se involucra en comportamientos que sólo pueden llevar a una ruptura. El desafío puede ser reunir diferentes motivaciones a través de valores comunes, pero tienes una gran herramienta para enfrentar este desafío: la comunicación.

Para compartir tu vida con otra persona, la sabiduría básica requiere que hagas algunos sacrificios. Cuando no te comunicas con tu pareja, aunque el objetivo sea evitar el conflicto a toda costa, sólo conseguirás resultados aún más desastrosos.

Independientemente de que hayas estado saliendo con tu pareja por un período corto o largo, se forman fuertes conexiones cuando aceptas la responsabilidad de hacer un esfuerzo y considerar el punto de vista de tu pareja.

Mientras que cada relación es única, ninguna relación es impecable. Haciendo estas 9 cosas para mejorar su vínculo, no sólo garantizará una conexión de calidad con tu pareja, sino que también demostrará que estás resuelto a trabajar por una.

**1. Pregúntale a tu pareja algo nuevo**

La comunicación es la medida de la unión en una relación. Es agradable preguntar cómo fue el día de tu pareja, pero es agotador cuando preguntas una y otra vez. La comunicación no debe ser aburrida o redundante, por lo que es tu responsabilidad conjunta mantenerte involucrado en diálogos que sean atractivos y significativos al mismo tiempo.

**2. Asignar una noche al mes en la ciudad**

A pesar de sus apretadas agendas, asegúrense de planear una noche en la que los dos pasen tiempo juntos. Sean consistentes y dedíquense a ello una vez que hayan acordado una cita con su pareja. Si esperas entusiasmar su relación o quieres probar algo distinto a Netflix, salir de la casa es un esfuerzo mucho más prometedor. Se hacen más recuerdos en el mundo que en tu sofá.

**3. Expresa tu aprecio.**

El consuelo que ofrece una relación es la razón por la que, en general, ignoramos lo que hace nuestra pareja y tratamos sus demostraciones de afecto como algo obligatorio. En realidad, tu pareja no necesita llenar el tanque de gasolina o comprar tu yogur helado preferido - lo decide porque te ama, y su reconocimiento y apreciación del gesto fortalecerá su relación e inspirará a tu pareja a seguir estando atenta y hacer que se sienta apreciada.

**4. Cambia tu horario**

Sabemos que eres autónomo y no anticipas el cese de tu vida por nadie (y no deberías necesitarlo). A pesar de que tengan diferentes responsabilidades fuera de su relación, es una buena idea revisar sus calendarios y ver si hay conflictos que les impidan pasar tiempo juntos.

Tal vez tu pareja pueda ir al gimnasio más temprano para que tu puedas hacer la proyección tardía de una película, o tal vez puedas levantarte más temprano para completar tus actividades para que puedas llegar al juego escolar de tu pareja. Aunque no deberías perder tu vida para cumplir con la de tu pareja, tu capacidad de negociación debería ser suficiente para satisfacer a esa persona.

### 5. Ten en cuenta las pequeñas cosas

Otro enfoque para añadir importancia a su discusión es sintonizar genuinamente con lo que tu ser querido está diciendo - y hablar de ello más tarde. Si es necesario, toma nota de algo que haya hablado y que quiera recordar, o de un evento que tu pareja haya

mencionado y del que quiera hacer un seguimiento. A
menudo son las pequeñas cosas en las
conversaciones y las relaciones las que marcan la
mayor diferencia.

También ten en cuenta las cosas cotidianas que,
aunque sean pequeñas, pueden contribuir a la
felicidad de su relación. Los recordatorios de que
amas a la otra persona, que la has escuchado o que
estás pensando en ella parecen pequeños gestos, pero
son poderosos.

## 6. Demuestra tu amor

Además de apreciar a tu pareja, debes hacerles saber
el alcance de tu amor por ellos. Expresas tu amor a
través de diferentes gestos, desde tomarle la mano a
tu pareja en un café hasta golpear juntos el heno
hacia el final de la noche. Estos gestos no sólo
muestran lo que sientes por tu pareja, sino que
también indican que te sientes orgulloso y agradecido
de ella.

## 7. Familiarízate con el comportamiento de tu

**pareja**

¿Tu pareja desea que la dejen en paz cuando se siente molesta? ¿Cómo reacciona en algunas situaciones específicas? Estas preguntas son básicas, sin embargo las respuestas a ellas te permitirá comprender el comportamiento de tu pareja - y evitar ofenderla accidentalmente. La forma en que tu pareja ve el mundo no es la misma que tú, por lo que la forma en que actúan en situaciones probablemente también difiera.

## 8. Aprende cuándo debes disculparte

Tienes que darte cuenta de que ser correcto no es tan significativo como ser empático. Aunque se producen choques en una relación, pocas discusiones son una prueba que debería ganarse. Lo que intento transmitir es simple: saber por qué vale la pena luchar y cuándo hay que aceptar la culpa. Es mejor decir lo siento que convertir una pequeña discusión en una crisis de ruptura de la relación.

**Lecciones prácticas y ejercicios**

Una relación saludable hace la vida mejor.

Piensa, por un momento, en el estrés y el sufrimiento que experimentas cuando vives con un conflicto. Así, tu vida mejora cuando buscas la armonía en tu relación.

Este ejercicio es una forma de autodiagnóstico que te ayudará a saber más específicamente qué debes mejorar para traer la armonía.

Te animo a que hagas los ejercicios con tu pareja a tu lado, y que luego usen la evaluación para discutir las formas de mejorar.

Anota un porcentaje entre el 0% y el 100% junto a cada uno de los siguientes aspectos (0% siendo nunca o poco y 100% siempre o mucho):

Dimensiones relacionales de ustedes como pareja

- Su capacidad de hablar y participar en los intercambios:
- Su capacidad de escucharse mutuamente:

- Su capacidad de ser empático (ponerse en el lugar de la otra persona y hacer un esfuerzo para entender su punto de vista):

- Su capacidad para apoyarse mutuamente a través de las dificultades:

- Su capacidad de expresar tu gratitud, tu amor, etc.:

- Su capacidad para abordar el tema de su relación con el otro para mejorarla:

Una vez establecido un porcentaje, enfócate en mejorar a quien tiene la puntuación más baja.

Preguntas para identificar los puntos fuertes y débiles de tu relación

Las respuestas a cada una de estas preguntas te ayudarán a tomar conciencia de los elementos positivos de tu relación por los que puedes mantener la gratitud, así como a identificar las lagunas en las que pueden trabajar juntos.

- ¿Qué es lo que más te gusta de tu relación?:

- ¿Qué te falta? ¿Con qué no estás satisfecho?:

- ¿Cuál es su grado de intimidad y afecto como pareja?:

- ¿Te satisface este grado?:

Habiendo respondido a esas preguntas, aquí hay algunas estrategias más para ayudarte a alimentar tu deseo de ser feliz en tu relación y hacer que tu amor dure. La buena noticia es que es posible. Por supuesto, implica un trabajo duro, no siempre se sentirá como magia, pero es muy posible desarrollar nuevas habilidades y ser felices juntos.

## 1. Enamórate de ti mismo

Es imposible ser feliz como pareja si no estás contento contigo mismo primero. El amor es ante todo para ofrecerse a uno mismo. Enamórate de tu propia vida. Sé feliz con la persona que eres. Conócete a ti mismo y acéptate cómo eres. Desarrolla una hermosa intimidad con tu mundo interior.

Siéntete seguro, fuerte y orgulloso de ser quien eres. Es un reto, pero también es fundamental. Aprende a saborear tu propia presencia.

Cuanto más rico seas en tu propia vida y te bañes en energía de benevolencia hacia ti mismo, más verdadero y profundo será tu amor por los demás. Así, puedes decir sin vacilar que el amor que ofreces es proporcional al amor que tienes por ti mismo. Sin este primer movimiento de gratitud y ternura hacia ti mismo, te arriesgas a buscar una pareja para llenar tu vacío o la falta que ves en ti mismo. Dos personas enteras unidas hacen una mejor relación que dos personas buscando llenar un vacío.

## 2. El amor es un compromiso más que un sentimiento

El amor en una relación saludable y sostenible es más que mariposas en el vientre y chispas en los ojos. Demasiado a menudo, tenemos una visión idílica del amor romántico. Se piensa que el amor a primera vista es la garantía de una relación que durará para siempre. Esa pasión debe mantenerse a toda costa, en total intensidad, de lo contrario concluimos que el amor ya no existe y que la ruptura es inevitable.

En realidad, el verdadero amor no viene de una reacción química en el cerebro u hormonas enloquecidas. Viene de un esfuerzo dedicado a apreciarse mutuamente incluso cuando se siente que la "chispa" ya no está ahí.

El verdadero amor es capaz de pasar de los sentimientos exaltados del principio a una sólida y estable compañía en la vida diaria y ordinaria. Invertir en una relación feliz y enriquecedora requiere esfuerzo, determinación y perseverancia.

Es importante recordar que el amor satisface una de nuestras necesidades básicas: sentirse seguro emocionalmente. Así, cuando el amor es el resultado de un compromiso mutuo, se vuelve muy seguro. Esta seguridad te permite a ti y a tu pareja permanecer juntos a través de las pruebas de la vida y saber que cada uno tiene alguien en quien apoyarse.

## 3. Invertir en la relación

Un amor comprometido es un amor en el que se invierte profundamente en la relación. Uno podría comparar la relación con una planta. Si queremos que sea hermosa y saludable, debemos cuidarla (regarla, ponerla a la luz, replantarla de vez en cuando, etc.).

Lo mismo ocurre con las relaciones. Hay que mantenerla para que viva, permitirle crecer y evolucionar. Con demasiada frecuencia, las parejas terminan su relación porque no la han cuidado lo suficiente. No es el amor lo que ha fallado, es el esfuerzo. Este es un problema de negligencia. Como la planta, una relación no mantenida se desvanece, se marchita y finalmente muere.

Para tener éxito en sus relaciones, es esencial dedicar tiempo y energía a ellas. Con demasiada facilidad damos por sentado a la otra persona. Nos quedamos atascados en la rutina y los negocios de la vida. La agenda está tan llena que no hay más espacio para simplemente tomar tiempo para compartir y estar juntos. Esto inevitablemente crea un empobrecimiento emocional y debilita la conexión.

Aquí hay algunos consejos para nutrir tu relación:

- Todos los días, tómate al menos 30 minutos para discutir tu día y tu estado de ánimo (En persona, no a través de mensajes).
- Hagan actividades especiales en pareja al menos una vez al mes.
- Trabajen juntos en proyectos.
- Cuídense mutuamente con pequeños toques, delicias y sorpresas.
- Expresen regularmente su gratitud, su afecto y su compromiso con su ser querido.

## 4. Comunicación auténtica

La comunicación efectiva es una clave esencial para el éxito de una vida amorosa satisfactoria. Cuanto más tú y tu amante creen un clima emocional de confianza y seguridad entre ustedes, más autorevelaciones serán posibles. Pero es, entre otras cosas, la profundidad de los intercambios lo que los une a ambos y fomenta la intimidad. Pueden hablar de la lluvia y el buen clima con sus colegas y amigos, pero apunten a algo más significativo con su pareja.

Este tipo de intercambio imbuido de autenticidad y profundidad los acerca a ambos al permitirles sentir solidaridad entre sí y estar conectados. Esta profunda conexión es ciertamente uno de los principales objetivos de la vida de casados, sentirse emocionalmente conectados el uno con el otro, lo que se puede apreciar más que nada.

Algunas estrategias que promueven la comunicación:

- Asume la responsabilidad de tu vida.
- Evita a toda costa acusar a tu pareja.
- Compartan sus emociones y expresen claramente sus necesidades. No hagas que la otra persona adivine.

- Expresa empatía y compasión por lo que tu pareja te dice.

- Escucha realmente a tu pareja - no prepares una respuesta, sólo escuche para escuchar.

- Evita temas tabú. Envenenan la relación.

## 5. Admira a tu pareja

Cree en el potencial de tu pareja y apóyala mientras trabajan para implementar sus sueños. Ya sean 5 o 30 años que caminen juntos, la meta es la misma: estar ahí para el otro.

Mantengan una visión positiva de quién es su pareja y en quién se está convirtiendo. Este movimiento de profunda complicidad permite a las parejas acompañarse en su búsqueda de la felicidad y de una existencia con sentido.

Sé que el desafío es grande. Con demasiada facilidad, empiezas a ver sólo lo que te pone nervioso, pero intenta no perder nunca de vista el panorama general.

El amor es un compromiso que requiere mucha inversión, madurez y voluntad. En asuntos matrimoniales, todos estamos lejos de ser expertos.

Tienes que tomar la decisión de criticar a tu pareja muy raramente y, en cambio, reconocer regularmente sus logros. Elije ver el vaso medio lleno y no medio vacío, y aprecia a tu pareja.

La pareja "perfecta", como el humano perfecto, no existe. La vida de una pareja es un baile perpetuo de compromiso, ajustes y aflojes.

La felicidad viene de hacer un ramo con las flores que tenemos.

## 6. Cambia tú mismo en lugar de cambiar tu pareja

No hay espejo más grande o más cruel para mostrarnos nuestros defectos que una relación. Mientras que la otra persona puede sacar lo mejor de ti, también puede hacerte notar lo peor sin querer. Esto va en ambos sentidos - a menudo no reconocemos nuestros defectos hasta que alguien más los ve. Es difícil someterse a la vulnerabilidad que proviene de estar en una relación y darse cuenta de que no somos perfectos.

A veces, utilizamos esta vulnerabilidad en nuestra pareja y la usamos para tratar de cambiar lo que no nos gusta en lugar de centrarnos en lo que podemos cambiar de nosotros mismos. Nuestro orgullo tiende a aliarse con nuestro ego para permitirse cómodamente la negación y la ceguera.

Obviamente, querer cambiar a otra persona es un deseo inútil. Sólo tienes poder sobre ti mismo. Depende de ti hacer el trabajo de curarte y transformarte a ti mismo. Las relaciones pueden convertirse en una maravillosa oportunidad para curar tus propias heridas, incluso si es terriblemente aterrador ir a donde duele.

¿Qué pasa si vuelves tu mirada hacia ti mismo en lugar de culpar a la otra persona? ¿Y si reconocieras que puedes hacer más bien la relación centrándote en ti mismo?

## 7. Elige tus discusiones sabiamente

Seamos realistas - es inevitable en una relación tan íntima, que afecta a tantas esferas de la vida, que habrá tensiones sobre las formas de ver y hacer las cosas. La vida con otra persona exacerba las diferencias. Es utópico aspirar a la armonía y al acuerdo perfecto en todos los ámbitos. Habrá luchas, pero no todas son malas.

Entonces, ¿cómo se discute de manera saludable?

- Recuerda que el otro es tu amante y no tu enemigo.
- Trabaja como un equipo y no como oponentes.
- No declares la guerra, más bien busca soluciones "ganar-ganar".
- Evita la dinámica estéril: "¿Quién está equivocado y quién tiene la razón?"
- Desactiva los conflictos antes de que se intensifiquen.
- Evita las palabras que destruyen: venganza,

odio, castigo.
- Tu vida romántica como amantes es un baile para dos, no una pelea de boxeo.
- Ve las diferencias como un enriquecimiento y no como un obstáculo.
- Alimenta el vínculo de un apego seguro, incluso en el corazón de las tensiones
- Aborda los conflictos con calma y suavidad. Esto aumenta enormemente las posibilidades de resoluciones positivas.

## 8. Vale la pena compartir el poder

Uno de los mayores problemas de la vida para dos viene del poder. Lo queremos. Aspiramos a él. Lo mantenemos. Exigimos ser vistos, escuchados, reconocidos, y tomar nuestro lugar en el mundo - el que nos pertenece por derecho. Luchamos para reclamar nuestro espacio.

Tú y tu pareja existen y comparten el mismo territorio. Esto crea una inevitable lucha de poder si no ves la asociación como un esfuerzo conjunto. Esto puede, en algunos casos, ser saludable y equilibrado, pero en algunas parejas la lucha por el poder se vuelve tóxica y destructiva. Los supuestos compañeros del mismo equipo se convierten en enemigos. Juegan uno contra el otro. El dúo se convierte en un duelo. Cuando una pareja discute frecuentemente sobre algo tan trivial como colocar los platos en el lavavajillas, el asunto no son los platos, sino el poder.

La distribución del poder se encuentra en muchas dimensiones de la vida cotidiana. La división de tareas es un lugar muy sensible. Es una de las primeras fuentes de conflicto para las parejas. Además, varias encuestas muestran que las parejas que tienen una división de tareas equilibrada tienen más probabilidades de durar en el amor. Es una cuestión de justicia y equidad.

## 9. El amor es humano

¿Por qué es tan difícil de amar? ¿Por qué tantas separaciones? ¿Qué hace que la convivencia con un ser querido sea tan exigente? Múltiples factores explican la alta recurrencia de la dificultad cuando se trata del éxito en una relación. Me parece importante destacar uno: nuestro dilema entre nuestro lado animal y nuestro lado humano.

Aunque nosotros los humanos afirmamos ser muy avanzados y superiores a todas las demás creaciones de la tierra, no debemos olvidar que el animal que hay en nosotros nunca está demasiado lejos. Parte de nuestro cerebro, el hipotálamo, al que llamamos cerebro de reptil, está programado para asegurar nuestra supervivencia. La supervivencia depende de la protección contra los peligros. En tu relación, tu pareja puede ser percibida a veces como un peligro.

Tu mecanismo de supervivencia requiere la protección de tu territorio. Sin duda, estamos programados biológicamente para responder a nuestras propias necesidades y reaccionar negativamente a cualquier cosa que pueda amenazar nuestra forma de vida.

Afortunadamente, también estád dotados de una inteligencia racional y emocional. En el corazón de su humanidad, su naturaleza es fundamentalmente buena, cuidadosa y amorosa. ¿No es la última evolución del ser humano ser amado?

Puedes elegir cuál de los dos lados priorizas. ¿Cuál ganará? Caminar hacia lo mejor de ti mismo requiere una gran apertura de conciencia y presencia a tus problemas internos. Para amar de verdad, primero debes emprender el gran trabajo de curar tus propias heridas de amor y cicatrices defensivas. Este proceso de transformación permite adquirir una mayor madurez, tanto emocional como psicológica. Esta madurez es ciertamente un ingrediente esencial para una vida matrimonial sana y sostenible. Elije el lado humano, y elige poner el amor en primer lugar.

**10. Evita las peores cosas que podrías hacer**

Me parece esencial concluir con las cosas que hay que evitar a toda costa en una relación.

No critiques, acuses o humilles a tu pareja cuando esté peleando. Esto sólo añade combustible al fuego y actúa como una declaración de guerra. En este juego, sólo hay perdedores. Hay una forma de manejar las tensiones sin destruirse y sin caer presa de sus más bajos instintos.

Cuidado con las palabras excesivamente violentas. Dejan marcas que a menudo no se pueden eliminar. Lleva unos segundos pronunciarlas, pero meses, sino años, para curar sus heridas.

No es provechoso escapar de las tensiones por el silencio o la elección de enfurruñarse. Estas actitudes de retraimiento sólo exacerban la situación. Dañan en lugar de mejorar la conexión. El escenario clásico en la dinámica de las relaciones enfermizas a menudo se asemeja a lo siguiente: La mujer expresa su descontento, y el hombre deja de escuchar y se retira a su cueva.

Cuanto más se retira el hombre, más frustración se acumula. Cuanto más manifiesta la mujer su angustia, más se aísla el hombre, y así sucesivamente, progresando hasta que explota. Este patrón tan común conduce a una espiral tóxica debilitante. La comunicación ya no existe. La pareja se transforma en dos soledades que sufren. Cuando este ciclo es crónico, puede marcar el comienzo del fin.

Somos fundamentalmente seres de relaciones y amor. Estamos hechos para amar y ser amados. La vida de una pareja es ciertamente un lugar privilegiado para experimentar una intimidad segura y nutritiva. Las investigaciones han demostrado que las parejas son más felices y disfrutan de una mejor salud física y psicológica. ¡Vale la pena creer en ello e invertir en una relación sana!

# Capítulo 7: Cultivando relaciones nuevas y saludables

El amor tiene sus propias trampas. Lo que al principio suele parecer una vida en una nube de peluche puede convertirse rápidamente en conflicto y lucha. El amor no es sólo la sensación de tener mariposas en el estómago. Mantener el verdadero amor es un trabajo duro, pero al final es bien pagado con felicidad y satisfacción. Los siguientes consejos pueden ayudarte a tener una relación que elegantemente pase por alto los típicos puntos de fricción. Lea cómo reconocer y cultivar el amor verdadero.

Estar enamorado cambia la actitud y el comportamiento de las personas. Es embriagador, excitante y aterrador, todo al mismo tiempo. El amor no es el sentimiento de lujuria y engaño. El amor es algo más en todos los sentidos del sentimiento.

## Permite la vulnerabilidad

Uno de los primeros signos de estar enamorado es cuando te vuelves repentinamente muy vulnerable. Esta vulnerabilidad está presente en tus sentimientos, anhelos y miedos. Cuando comiences a enamorarte, tu corazón se abrirá a tu pareja. Comienzas a confiar tu corazón a tu pareja y a mostrarte a ella, como sólo lo haces con las personas muy cercanas.

Puede que te preocupe ser vulnerable, especialmente si has tenido malas experiencias en relaciones anteriores. Cuando estás abierto y vulnerable, aquellos temas que de otra manera fueron suprimidos por ti pueden entrar en tu conciencia en nuevas relaciones. Ahí está el miedo que a menudo se justifica, pero no permitas que te asuste. Las nuevas relaciones son sólo eso, nuevas. Juzgarlas en base a experiencias pasadas no es justo para ti o para ella.

La verdadera belleza viene del interior

Otro signo seguro de enamoramiento es la capacidad de ver la belleza interior de una persona. Al principio de una relación romántica, se presta mucha atención al exterior.

Con el tiempo, a medida que los sentimientos de amor florecen, verás la verdadera personalidad de tu contraparte - su verdadera belleza interior. Con este pensamiento, se confirma el dicho "el amor te hace ciego".

**La familia**

Si tienes una relación con alguien que un día te pregunta si puede conocer a tu familia, puedes estar seguro de que la persona se está enamorando de ti o incluso profundamente enamorada de ti. La familia es muy importante, y conocer a la familia de tu pareja deja clara la seriedad de la relación. Si te han presentado tanto a la familia como al círculo de amigos, puedes estar seguro de que los sentimientos de tu pareja son genuinos.

**Desinterés**

El último y más claro signo de enamoramiento es el desinterés puro. Esto sucede cuando tú o tu pareja ponen las necesidades de ambos en primer plano y subordinan sus propias necesidades.

Haces todo lo que está en tu poder para asegurarte de que la otra persona sea feliz. Le da a tu pareja la sensación de ser atendido, lo que a su vez le hace feliz porque ha visto y satisfecho las necesidades de su amante.

Una relación unilateral no te ayuda. Incluso si sientes que no puedes vivir sin tu pareja y que la amas más allá de toda medida, si los dos no están en la misma página, la relación no irá a ninguna parte. A continuación, se presentan algunas formas de cultivar relaciones significativas y saludables en las primeras etapas:

**1. Se claro sobre lo que necesitas**

En su primera cita, antes de que sus entradas hayan

tocado la mesa, ambos deben examinar lo que realmente quieren de una relación. Tengan claro lo que están buscando. De esta manera, ambos estarán en la misma página desde el principio. La idea de esto puede ser alarmante, pero en cualquier caso aprende a esperar lo inesperado. Puede que revelen deseos similares.

## 2. Habla sobre tus sueños y deseos

¿Te gustaría construir una pequeña casa y vivir fuera de la red? ¿Tomarse un año libre para viajar a los confines del planeta? ¿Escribir un libro? Comparte estos sueños con un compañero potencial. Descubre si tus objetivos complementan los de otra persona y si tienes intereses que se superponen. Es mucho más divertido descubrir a alguien cuando se habla de sueños que de pasatiempos en general.

## 3. Ten una comunicación abierta

Si algo te preocupa, no lo guardes en tu interior por un miedo paranoico a lo que pueda ocurrir si lo sacas a relucir. Aborda los temas y mantén conversaciones tranquilas y cuidadosas para ver los dos puntos de vista. Es un refresco muy necesario saber que ambos quieren cooperar para discutir cualquier cosa antes de que algo se convierta en un problema importante. No se trata de estar bien o mal - se trata de que los dos individuos trabajen juntos.

## 4. Acepta cada aspecto de ti mismo

Si no te aceptas a ti mismo por lo que eres, ¿por qué debería hacerlo otro? Puede que haya aspectos de ti mismo que no te gusten o que cambiarías si pudieras, pero no son importantes. Cuanto antes puedas mirarte a ti mismo y ser feliz con todo lo que ves, mejor estarás en la vida y en el amor.

## 5. Maneja el estrés juntos

El estrés nunca se irá, lo que importa es el medio con el que lo manejamos. Cuando tu pareja esté perturbada o estresada, estas ahí para que se desahogue. No intentes arreglarlo todo; más bien, permítele resolver el problema como desee. Todo lo que necesita es saber que estás ahí.

**6. Ofrece regularmente tu agradecimiento**

Tener un mutuo aprecio por el otro es enormemente beneficioso. También es importante dar gracias por otros aspectos de su vida. Las personas agradecidas son personas felices, y una pareja que está agradecida por el otro es más capaz de construir una relación saludable.

**7. Habla de grandes cosas**

Hablar de todo, desde mudarse juntos hasta construir un hogar, desde niños hasta fondos y viajes familiares. No esperes a que lleguen estos eventos, adelántate y empieza a discutir tus expectativas pronto. Muchas parejas temen este tipo de charla por miedo a que su pareja no esté de acuerdo con ellos. Pero cuanto antes descubran las diferencias, antes podrán empezar a trabajar para llegar a un compromiso.

**8. Cenar juntos**

La gente se une por la comida compartida, así que

aprovecha al máximo. Pongan música romántica, vístanse bien y conéctense. La comida casi no importa tanto como la atención completa e indivisa de ambos.

## 9. Estar disponible

Cuando necesitas a tu pareja, ¿quieres que esté disponible, o podrás lidiar con ella dando prioridad a algo más que a ti? Si deseas que te ponga en primer lugar, empieza por ponerla tú en primer lugar. Prepárate para acudir en su ayuda si te necesita. No tienes que dejarlo todo por capricho, pero asegúrate de saber lo que vas a hacer si alguna vez te hace saber que está pasando por una crisis y que le vendría bien tu apoyo. Tus acciones en su momento de necesidad marcan el tono para el futuro.

## 10. Trabaja para ser un mejor compañero

Si eres como la mayoría de la gente, hay cosas que deseas cambiar de ti mismo. Algunos de estos cambios deseados pueden afectar positivamente a tu relación. Esforzándote por ser la mejor persona que puedes ser para la persona que amas, también te estás volviendo mejor para ti mismo.

No es necesario que te conformes. Puedes desarrollar tu relación y convertirla en algo que persistentemente mejore tu vida. Una relación feliz se asemeja a todo lo que adoras; debes centrarte en aprender, desarrollarte y esperar mejorar continuamente.

Recuerda siempre que está bien discutir. Numerosas investigaciones demuestran que las parejas que no están de acuerdo tienen conexiones más beneficiosas. Durante mucho tiempo consideré las discusiones como una decepción, pero en realidad son aspectos importantes de una relación sólida. Discutir con consideración por el otro significa que estás comprometido.

Una relación sólida es que dos personas cooperen para construir una vida juntos. Una relación sólida es algo similar a una trinidad, dos personas hacen algo más profundo y superior a sí mismos, sin embargo, siguen siendo ellos mismos. Para que una relación se desarrolle, también debes desarrollarte como individuo y no perderte a ti mismo.

**Disfruta de estar enamorado**

¿Estás recién enamorado? ¡Entonces probablemente te sientas genial ahora! Tengo algunos buenos consejos para ayudarte a sacar el máximo provecho de tu amor y mantenerlo fuerte durante mucho tiempo.

Primero, toma suficiente espacio y tiempo para disfrutar de tu amor. Esto significa que puedes tener menos tiempo para tu actual círculo de amigos. Tus amigos seguramente entenderán esto y serán felices contigo, siempre y cuando no se convierta en una tendencia a largo plazo. Tus amigos también son importantes.

Haz las cosas que has querido hacer durante mucho tiempo. A través de las experiencias compartidas, tú y tu pareja crecen juntos aún más. La base de una relación se compone en gran medida de experiencias compartidas.

Salgan juntos:

- al teatro
- a un concierto
- al cine
- a la ópera

También conoce a los amigos de tu pareja y asegúrate de que tu pareja sea presentada a tus amigos. La aceptación en el círculo mutuo de amigos también dice mucho sobre cómo ustedes como pareja armonizan juntos. Visita a sus amigos o invítalos a su casa y asegúrate de que no sientan que tú o tu pareja los están eliminando.

Además, las conversaciones no deben ser descuidadas a pesar del romance. Celebren su romance compartido, porque da fuerza para los tiempos menos buenos y crea un gran terreno común. Sin embargo, las conversaciones son tan importantes como las experiencias. Comparte tus sentimientos con tu pareja y dale la oportunidad de conocerte también.

## Consejos para una relación larga y feliz

Los siguientes consejos te ayudarán a mantener tu relación saludable durante mucho tiempo.

### *Evita las molestias*

Cualquier tipo de crítica a la idiosincrasia de tu pareja o bien lleva a peleas o te hace sentir molesto. Los psicólogos opinan que criticar a tu pareja en muchos casos es una proyección de tus propios defectos.

En lugar de frustrar a tu pareja con quejas, puedes pensar en lo que le hace sentir incómodo acerca de sus rasgos, y trabajar para reformular su punto de vista.

### *Entiende que tu pareja tiene su propia personalidad*

Debes aceptar el hecho de que tu pareja es un individuo con una personalidad única. Sin embargo, subconscientemente y a veces conscientemente tratamos a nuestra pareja como si fuera una extensión de nosotros mismos. Acepta que tu pareja es un ser con carácter propio con sentimientos y percepciones, opiniones y experiencias apropiadas.

### Acepta los errores de tu pareja

Errar es humano. Tu pareja no es un ángel, así que están obligados a cometer errores. Cuando eso suceda, aprende a perdonar y no aproveches los errores de tu pareja.

Sobre todo, hay muchas cosas que no podemos cambiar de nuestra pareja, así que en vez de quejarnos o regañar, ¿por qué no aprender a vivir con ellas? Los pequeños errores no son una cuestión de vida o muerte. Si te resulta difícil lidiar con la idiosincrasia de tu pareja, llama su atención y explícale de manera educada. No culpes o acuses, simplemente discute.

### No toleres el comportamiento destructivo

Aprende a tolerar a tu pareja siempre y cuando su comportamiento no sea destructivo o ponga en peligro la vida. Si descubres que tu cónyuge o pareja es muy agresivo, no disimules la situación ni aprende a "arreglártelas". Tu seguridad es importante. Si alguna vez te sientes amenazado, no te quedes ahí para tratar de mantener la paz. Sal de ahí.

***Tómate un tiempo de descanso emocional***

Nuestra piel necesita la luz solar para la producción de vitamina D. Sin embargo, los baños de sol prolongados y frecuentes pueden causar un cáncer de piel que pone en peligro la vida.

Así que la dosis correcta es importante. Esto también se aplica a las relaciones.

Por supuesto, nos necesitamos mutuamente para llenar nuestras vidas de felicidad. Pero, también necesitamos tiempos muertos emocionales en los que uno no piense en la otra persona o esté involucrado en la planificación de actividades conjuntas.

Reunirse a solas con amigos o unirse a un club a solas para desarrollarse como persona. Si ambos compañeros experimentan algo diferente el uno del otro, también hay algo de lo que hablar en la mesa de la cena.

### *No ates las condiciones a los regalos*

Un regalo es un regalo. Y un favor es un favor. En un matrimonio o relación íntima, nunca debes poner ninguna condición a un regalo o favor. Si quieres hacer algo bueno por tu pareja, entonces hazlo sin ningún motivo oculto.

No hagas un juego como "Te daré un masaje si tú me das uno". Lo mismo se aplica a los precios de los regalos. Sólo porque le hayas regalado un ordenador a tu pareja, no significa que tenga que expresar su afecto con algo igual de caro.

Acepta los favores y regalos por lo que son: gestos y símbolos de amor. Por cierto, esto también se aplica a los cumplidos.

A menudo tendemos a no tomarnos en serio los cumplidos y elogios de nuestras parejas. Pero sólo porque tu pareja te ama, eso no hace que su opinión no valga nada. Si tu pareja te dice que eres bonita, entonces acepta el cumplido y no lo decepciones desestimándolo con un "Oh, eso es solamente lo que dices".

### *Sé sincero*

La honestidad es la mejor política. Este concepto no sólo tiene más de dos siglos de antigüedad, sino que llega exactamente al punto en que las relaciones pueden fallar.

Las medias verdades y las mentiras no pueden mantenerse en secreto por mucho tiempo si se quiere vivir en paz con la pareja. Además, no ocultes ningún hecho material que pueda tener un impacto directo en la creciente relación. Por ejemplo, si tienes hijos de una relación anterior, eso es algo que tendrá que salir eventualmente.

### *Sé fiel y sincero*

A menos que hayas hecho otros arreglos, comparte un edredón exclusivamente con tu pareja romántica y nadie más. Ser engañado y defraudado por una persona cercana es una de las experiencias más crueles que le puede pasar a cualquiera.

Si realmente amas a tu pareja, le evitarás esa experiencia. En última instancia, la fidelidad construye una confianza tan profunda que no puedes reemplazarla o arreglarla una vez rota.

*Abordar los problemas*

Ninguna sociedad está en completa armonía. Son dos personalidades diferentes con pensamientos y sentimientos. Una relación, no importa cuánto amor y dedicación sientan el uno por el otro, es siempre el resultado de muchos compromisos.

En lugar de guardar resentimientos de larga data, deben discutir los temas abiertamente con tu pareja y trabajar juntos para encontrar una solución sin interpretarlos inmediatamente como signos de una relación no funcional. Precisamente porque eres capaz de hablar de los puntos difíciles, tienes una fuerte asociación.

Ten en cuenta que nadie puede leer tu mente. Es de esperar una cierta empatía, pero confiar demasiado en ella puede llevar a malentendidos.

Por lo tanto, enfrenta los asuntos críticos de frente en lugar de esperar que el otro se ocupe del problema. Los terapeutas de pareja están unánimemente de acuerdo en que la comunicación es la clave para una relación larga, saludable y satisfactoria.

### *Aprecia lo que ves en tu pareja*

El primer enamoramiento no desaparece para siempre. La mayoría de las veces sólo da paso a otro sentimiento, el de un profundo apego y amor.

Has descubierto que puedes confiar en tu pareja. Que ella piensa en ti, y de cuantas maneras esto te sienta bien. Que ustedes como pareja armonizan y les gusta estar juntos.

Estas son todas las cosas que siempre han soñado. Ahora que se han hecho realidad, ¿se toman el tiempo para apreciarlas plenamente?

Considera a tu pareja una vez desde estos puntos de vista, y verás lo feliz que estás de tenerla. Muéstrale a tu pareja algo de esa felicidad y gratitud. Háblale de tus sentimientos, y verás como el viejo enamoramiento familiar pronto se vuelve a construir.

## *Excursiones románticas*

Disfruta de tu cercanía, y saca tiempo de la vida cotidiana para excursiones románticas. Den un buen paseo en otoño, o tengan una cena especial juntos por la noche. La vida cotidiana puede aburrirnos con la magia de estar con otra persona. Sal de la rutina para redescubrir a tu pareja.

Para que una relación funcione, tienes que hacer mucho por ella.

## Por qué el amor se convierte en trabajo

El verdadero amor. Eso es lo que anhelamos hasta que los encontramos. Esta persona especial que nos entiende sin palabras y nos conoce mejor que nadie, una persona que nos acepta, con defectos y todo, esa persona muestra un amor genuino. Lo que suena como un sueño inalcanzable puede hacerse realidad.

## *Después de Nube 9 viene la dura realidad*

Todos experimentamos sentimientos similares de un

nuevo amor en las primeras semanas y meses de noviazgo. Se siente como si se hubiera encontrado el verdadero amor, el gran amor que hace que la vida valga la pena.

Pero entonces, muchas de ellas aterrizan en el suelo de la realidad más o menos cuando las primeras dificultades surgen en la relación romántica. El verdadero amor no sobrevive por sí mismo, sino que implica un trabajo real.

***Cuando el efecto de la "droga del amor" disminuye***

El amor implica, más que nada, reacciones químicas. Estas sustancias químicas pueden hacernos bastante irracionales al principio cuando estamos descubriendo más sobre alguien más y nos enamoramos más profundamente.

Desafortunadamente, la droga llamada amor pierde su acción química después de algún tiempo. Nuestro cuerpo está diseñado para acostumbrarse a los estímulos. Y así nuestro cerebro se acostumbra a los mensajeros de alto rendimiento, que lenta pero seguramente pierden su efecto y las gafas de color rosa se vuelven gradualmente claras de nuevo.

### *Enamorarse una y otra vez*

Por cierto, no se trata en absoluto de que dichos mensajeros sólo se distribuyan al principio de un romance. Ciertas experiencias compartidas, como el nacimiento de un niño o unas vacaciones románticas, también pueden desencadenar el beneficio.

Sólo porque la sensación de hormigueo haya desaparecido, no significa que ya no sientas amor por tu pareja. Sólo usa tu ingenio para enamorarte de tu media naranja una y otra vez.

Sin embargo, hay algunos comportamientos que se interponen en el camino de "enamorarse de nuevo".

### **Errores en las relaciones amorosas**

Durante los períodos de agitación, las personas en las relaciones a veces tienen pensamientos o ideas irracionales que no ayudan a la relación, a su pareja o a sí mismos. Algunas de estas nociones incluyen:

### *Necesitas absolutamente una pareja para ser feliz*

Hay solteros que buscan desesperadamente una pareja porque piensan - o, como en la mayoría de los casos, han oído - que es esencial tener a alguien a su lado para ser feliz. Si no tienes eso, la vida es mucho menos divertida y te sientes solo y de alguna manera sin valor.

Por supuesto, tal afirmación no es universal, aunque sólo sea por la razón de que cada persona es diferente y por lo tanto su versión de "felicidad" será diferente. Sin embargo, el hecho es que puedes sentirte bien incluso sin una pareja permanente - y quienquiera que irradie esto hacia afuera será inmediatamente más atractivo para un nuevo amor potencial.

### *Un niño puede salvar una relación*

No es una buena idea pensar que un niño mejorará su relación. Los niños son maravillosos, pero ponen una relación bajo nuevos retos y estrés.

Si una relación ya está llena de conflictos, entonces debe pensar muy cuidadosamente en el deseo de tener un bebé, o esperar un poco más para tener menos conflictos con su pareja. Los niños sólo se enriquecen cuando sus padres son conscientes de que tendrán menos tiempo para el otro, para sí mismos y más responsabilidad financiera.

### *Las dependencias no te hacen feliz*

No cometas el error y pon todas las experiencias y sentimientos positivos en la relación con tu pareja. Ten en cuenta que al principio de la relación, así como más adelante, eres tú quien tiene que hacerse feliz. No le des la responsabilidad a tu pareja y no te hagas dependiente de ella para ser feliz.

Preserva la capacidad de ser responsable de ti mismo y de tu felicidad. De esta manera, su relación se hará más fácil y será más estable, y ambos serán más felices sabiendo que uno no depende del otro.

### *La relación y el sexo no necesariamente deben estar juntos*

La importancia de tener relaciones sexuales en una pareja varía de una persona a otra. Hay parejas que viven su vida sexual de forma muy apasionada y a menudo, mientras que otras rara vez son íntimas, pero aun así románticas.

Es importante que ambas partes estén contentas con el nivel de intimidad y que reconozcan las necesidades del otro. Si tienen problemas en este sentido, no deben rehuir una conversación abierta. Sólo recuerden que si ambos están contentos con la forma en que están las cosas, pero las influencias de los medios y la sociedad les dicen que debe ser diferente, escuchen a su corazón. Sólo ustedes dos saben lo que es correcto para su relación.

**Hablar con una nueva pareja sobre su ansiedad**

La ansiedad es una condición médica, y como tal no deberías avergonzarte de ella. Aunque no tienes que decirle a nadie sobre tu ansiedad si no quieres, saber las formas en que puede afectarte ayudará a tu pareja a aprender a ayudarte. Si alguna vez se encuentra en una situación que te hace sentir incómodo y no has hablado con tu pareja sobre ello antes, se hace mucho

más difícil manejar la situación. Si has decidido que
será beneficioso hablar de tu ansiedad con un nuevo
compañero, aquí tienes algunos consejos:

### *Comienza por explicarle lo que significa la ansiedad para ti*

La ansiedad no es igual para todos los que la sufren.
Aunque tu pareja sepa lo que es la ansiedad, no sabrá
cómo es en tu situación específica. Puedes estar bien
con las multitudes, pero las reuniones íntimas te
hacen sentir incómodo. O puede que sólo puedas ir a
ciertos restaurantes que te sean familiares. Sin
embargo, la ansiedad se manifiesta en tu vida, díselo
a tu pareja. Cuanto más sepa, más podrá ayudarte.

### *Repasa tus síntomas*

Tu pareja podría no ser capaz de reconocer un ataque
de ansiedad cuando ocurre. Hazle saber lo que
sucede cuando se desencadena tu ansiedad. ¿Te falta
el aliento, comienzas a desmayarte o te irritas? Pase
lo que pase, hazlo saber, no importa lo vergonzoso
que sea. Si necesitas ayuda en una situación

específica y ella es la única que está contigo y que
conoce tu ansiedad, asegúrate de que pueda
reconocer los signos de que estás a punto de sufrir un
ataque.

### *Cuéntale sobre sus desencadenantes*

Dales una lista completa, aunque sea larga. Hay cosas
que podrán evitar, y situaciones de las que podrán
alejarte. Tráela a tu mundo y déjale ver la vida desde
tu perspectiva haciéndole saber qué aspectos
aparentemente inocentes del mundo hacen que tu
corazón lata y tus palmas suden. Lo creas o no, esto
puede ayudar a que ustedes dos se acerquen más.

### *Hazle saber cómo puede ayudar*

Ten la seguridad de que querrá ayudarte. Al menos,
lo hará si es un guardián. Después de mostrarle cómo
es la ansiedad en tu vida, dale las herramientas para
ayudarte si es necesario. Dile lo que te calma, los
pasos que debe dar en una situación determinada
para evitar un ataque y cómo puede apoyarte
mientras trabajas para controlar tu ansiedad.

# Capítulo 8: Tú mereces una relación sana

Te mereces a alguien que te ame incondicionalmente. Alguien que no reniegue de su promesa de permanecer contigo cuando estés deprimido o ansioso, alguien que no huya cuando las cosas se pongan difíciles, y alguien que no te abandone cuando más lo necesites.

Espera a alguien que se deleita en tratarte bien. Alguien que realmente pueda cumplir con sus estándares. Alguien que pueda ofrecerte el respeto que te mereces y también ofrecerte una completa honestidad.

Alguien que merezca tu tiempo es una persona que no sólo diga que tiene fuertes sentimientos por ti, sino que tome medidas para probar esas palabras. Alguien que puede esforzarse por organizar citas y compartir secretos y, a veces, ser romántico, alguien que hará lo que sea necesario para mantener su relación fuerte.

Una persona con la que vale la pena salir es alguien que puede hacer que te sientas amado en todo momento, no alguien que te haga preguntarte si sus sentimientos han cesado o no. La ansiedad natural es una cosa, la ansiedad causada por una pareja ausente es otra.

Estar con alguien que te brinda su atención amorosa libremente sin que tengas que pedírsela. Estar con alguien que no tema informar al planeta de la suerte que tiene de tenerte o de lo valioso que eres.

Una persona que te ama a pesar de (o tal vez debido a) todos tus defectos no es alguien a quien debas dejar ir. Alguien que acepta que eres el tipo de persona que piensa y reacciona de forma exagerada y que hace lo que puede para calmar tus miedos merece la pena que te quedes.

Deberías dudar en invertir tu cuidado y afecto en alguien que retiene su amor. En cambio, encuentra a alguien que te tome de la mano y te bese en público, sin importar quién te mire, te trate con ternura y te diga "te amo" cada vez que sienta la necesidad.

Mereces un amor ilimitado de alguien que sea feliz de estar a tu lado por el resto de sus vidas.

Por supuesto, nunca descuiden el amor que reciben de sus amigos y parientes. Deben rodearse de aquellos que sacan lo mejor de ustedes, no de aquellos que los derriban, magnifican sus defectos o los hacen sentir que no están progresando.

Sobre todo, debes amarte a ti mismo. Puedes tener ansiedad, preocuparte a menudo, y pensar demasiado en la mayoría de las situaciones - pero eso no es razón para no gustar de quien eres. Deja de criticarte a ti mismo en formas que nunca soñarías con criticar a nadie más. Deja de pensar que hay una cosa horriblemente mala en ti, y que si cambias esa cosa la vida será mejor. No seas menos que quien eres, tú. Te mereces la felicidad y una relación sana, pero primero tienes que enamorarte de ti mismo.

A pesar de lo que has pasado o creído, mereces amor,

afecto y una relación satisfactoria.

**¿Qué hace que una relación sea saludable?**

Pero, ¿qué es una relación saludable? Hay muchas cualidades y factores detrás de las emociones y acciones que estructuran las relaciones saludables. Sin embargo, todos los romances extraordinarios comparten una cosa: son el resultado del compromiso con el dominio continuo de las habilidades de relación.

La aplicación diaria de esas habilidades es importante. El desarrollo de los hábitos y patrones para hacer y mantener una relación poco común necesita una aguda autoconciencia y la aplicación y repetición de un excelente comportamiento y comunicación. Una vez que estos hábitos se establecen entre tú y tu pareja, la relación satisfactoria y saludable que mereces puede seguir y perdurar.

¿Cómo será una relación saludable? Son dos individuos creando una única y amorosa vida juntos.

Cuanto más esfuerzo pongan ambos en esto, más satisfactorio será el vínculo. ¿Cuáles son los principales deseos de tu pareja? ¿Comodidad? ¿Seguridad? ¿Importancia? ¿Cómo se pueden satisfacer mejor estas necesidades?

Practicar la habilidad fundamental de entender, y usar ese entendimiento para crear una asociación poderosa.

### *Desarrolla el vínculo que deseas*

Cuando pienses en lo que hace una relación saludable, ten en cuenta que entender los deseos de tu pareja implica comunicarse efectivamente con ella. No tienes que ser un clarividente en una relación. Toma en serio lo que se ha discutido en este libro y aprende a hablar con ella sobre sus necesidades y deseos. Recuerda, escuchar no es sobre ti - es sobre lo que serás capaz de hacer por la persona que amas.

Una vez que reconozcas los deseos de ambos, tú y tu pareja, podrás trabajar activamente para asegurar que se cumplan las expectativas positivas. ¿Qué estás haciendo por el amor de tu vida? Algo, ¿verdad? Cumplir los deseos centrales de tu pareja puede llevarte a niveles profundos de felicidad, amor, pasión y confianza.

¿Qué pasa si el camino a seguir es duro y lleno de desafíos? Los asuntos, obstáculos y problemas presentan oportunidades para acercarse más. Has oído la frase, "Se han puesto demasiado cómodos", ¿no es así? Si sólo se sienten cómodos en su relación, es casi seguro que no están creciendo o cambiando. La falta de crecimiento se conoce como estancamiento, que puede causar deterioro cuando se trata de una relación. El crecimiento asegura que las relaciones continúen evolucionando con las personas en ellas.

Nada de esto implica que tengas que señalar los defectos del otro para crecer y cambiar. Por el contrario, apreciar a tu pareja como es, hace que una relación sea fuerte. Esos defectos son una parte de la persona que amas - incluso podrían ser parte de la razón por la que te enamoraste de ella en primer lugar. Apreciarla completamente, con defectos y todo. Después de todo, ¿no esperas que ella haga lo mismo por ti?

*Confía en ti mismo - y en tu pareja*

La confianza es la base de todas las relaciones productivas y saludables. De la confianza surge el respeto, y cada medida es necesaria para compartir, interactuar y crecer. Y es a través de los momentos de estrés e incertidumbre, cuando su compromiso mutuo estará sujeto a la duda, que descubren cuánto confían el uno en el otro. ¿Confiará tu pareja en ti para que esté a tu lado, incluso en momentos de estrés o incertidumbre? ¿Confiará tu pareja en que serás honesto y claro con ella incluso si lo que tienes que decir puede doler? ¿Confía en que puedes satisfacer sus necesidades?

Una vez que seas capaz de cultivar una relación saludable, aquí tienes 10 beneficios maravillosos que recibirás:

**Apoyo**

¿Alguna vez has querido empezar un negocio? ¿Qué tal escribir un libro, o viajar por el mundo? Tal vez sólo quieras formar una familia y hacer todo lo posible para criar niños cariñosos. En una relación saludable, puedes sumergirte en cualquiera de tus metas o sueños y sentirte seguro sabiendo que cuentas con el apoyo inquebrantable de tu pareja. Nada ahuyenta la ansiedad como una pareja que te apoya.

**Inspiración**

Lo más probable es que seas una persona bastante asombrosa. Siendo una persona asombrosa, naturalmente atraerás a alguien que también es fantástico. ¿Sabes lo que es genial de ser el tipo de persona que ambos son? ¡Están obligados a inspirarse el uno al otro! Aunque ambos se apoyarán mutuamente, como se ha dicho anteriormente, algunas de sus actividades más ambiciosas pueden inspirar el mismo tipo de ambición en su pareja y viceversa. Serán capaces de alcanzar nuevas alturas gracias al apoyo amoroso y la guía inspiradora proporcionada por un compañero especial.

**Mejor salud**

Los estudios muestran que las relaciones saludables ofrecen una multitud de beneficios para la salud, desde la reducción de la presión sanguínea hasta el fortalecimiento del sistema inmunológico. Suena como un buen negocio, ¿no? Tal vez el nuevo dicho diga algo como "Un beso de tu verdadero amor al día mantiene al doctor alejado".

**Aliento**

Junto con el apoyo emocional que tu pareja te ofrece, también te animará en tus esfuerzos. Estará encantada de ver que tienes éxito y por lo tanto hará todo lo que pueda para asegurar que lo tengas. Todos necesitamos estímulo de vez en cuando, incluso cuando somos adultos grandes y fuertes que podemos cuidar de nosotros mismos. Todos quieren oír a alguien más decir que pueden tener éxito. Un compañero es tu animadora personal, y tú eres el suyo. Anímense mutuamente para ser todo lo que puedan ser los dos.

**Una vida más larga**

Aunque los beneficios para la salud son grandes por sí solos, el mayor aspecto de una relación amorosa es la probabilidad de vivir más tiempo. Los estudios han revelado que las parejas sanas retrasan el envejecimiento y reducen las posibilidades de que las parejas desarrollen enfermedades relacionadas con la edad, lo que conduce a una mayor esperanza de vida. Es mejor que encuentres a alguien con quien puedas pasar los próximos 50 años o más.

**Afecto**

Los humanos ansían afecto. Incluso los bebés conocen el poder del toque de una madre. Tener una pareja significa tener una fuente constante de afecto. Cuando estás triste, feliz, enfadado, o simplemente necesitas una mano para sostenerte, sabes a dónde acudir. Saber que la otra persona estará ahí para proporcionarte el afecto que deseas es poderoso.

## Sentido del propósito

No necesitas a alguien más para darle sentido a tu vida, pero tener a alguien cerca que te dé apoyo y ánimo hace que sea mucho más fácil enfrentarse a la vida con una sensación de vigor. Perseguir tus objetivos y buscar el sentido de tu vida se vuelve más importante cuando compartes tu vida con alguien, porque para que la relación esté en su mejor momento, ambos necesitan estar en su mejor momento.

## Amistad

Es muy importante que tu pareja o cónyuge también sea tu amigo. El amor, la intimidad y la pasión sólo durarán un tiempo. Al final del día, puede ser más importante gustar a la persona con la que estás que amarla. Tener una amistad profunda y afectuosa, ante todo, te ayudará a construir una base más fuerte para la relación romántica, que puede sufrir de dificultades y dificultades que no afectarán a la amistad que hay debajo.

**Menos estrés**

Esto puede no ser siempre cierto, después de todo, incluso las relaciones sanas tienen sus conflictos. Pero en general, las relaciones amorosas llevan a menos estrés. Esto puede deberse a varias razones, desde compartir responsabilidades y finanzas hasta los efectos calmantes de la intimidad. Sea cual sea la razón, compartir su vida con alguien no traerá más dramatismo, como algunos pueden creer. Cuando se priorizan mutuamente y se trabaja para construir una relación duradera, el estrés se desvanece.

**Amor**

Es obvio, pero debe ser declarado de todas formas. Lo que buscamos cuando empezamos una relación es el amor. Puede parecer algo simple de encontrar, pero las páginas de la historia y las novelas nos enseñan que es todo lo contrario. Cuando se cultiva una amistad significativa y, posteriormente, una relación sana, se recompensa con el regalo más maravilloso de la Tierra: el amor de otro ser humano.

# **Conclusión**

El amor es agradable cuando dejas ir la ansiedad que se interpone entre tú y tu pareja. Cuando le das a la ansiedad la oportunidad de correr libremente en tu vida amorosa, puede ser difícil saber cuándo y cómo reaccionar ante algunas situaciones sensibles. Esto puede llevarte a sentirte indiferente o despreocupado por algunas cuestiones vitales de la relación, o a dar un espectáculo de indiferencia y fuerza al hablar con tu pareja. Aunque ciertamente no es su culpa, es beneficioso entender cómo la ansiedad puede estar afectando la manera en que ve las cosas.

Cuando sientes que la ansiedad te está deprimiendo realmente, tendrás que superarla tanto para tu bienestar como para la salud de tu relación. Al leer este libro y poner en práctica todos los consejos y técnicas, podrás superar toda la ansiedad e inseguridad en tu relación. Las estrategias de este libro tienen como objetivo ayudarte a aprender actitudes positivas de adaptación para manejar tu ansiedad de manera correcta, y eso puede significar tener una relación más ventajosa al mantener una distancia estratégica de ciertos errores relacionados con la ansiedad.

La ansiedad es el verdugo más notable del amor. Hace que los demás se sientan como si los sofocaras. No es fácil de superar, pero es posible.

La ansiedad hace que sea difícil darse cuenta de lo que es importante y lo que no. Puede hacer que las cosas se desproporcionen, nos distraiga y nos deje lisiados. Pero no tiene que controlarnos.

Mereces estar en una relación feliz y amorosa que no se vea empañada por el agarre vicioso de la ansiedad. Todo lo que se necesita es un esfuerzo consciente y una nueva perspectiva para darse cuenta de que la debilidad de la ansiedad es una conexión amorosa. Al fortalecer tu relación, debilitas el control de la ansiedad. ¿Qué mejor ejemplo de una situación en la que todos ganan?

# Referencias

Baglan. A.(n.d)..15 Elecciones conscientes para cultivar la relación que quieres desde el primer día. Extraído de https://www.google.com/amp/s/amp.mindbodygreen.com/articles/15-conscious-choices-to-cultivate-the-relationship-you-want-from-day-one--22429

Clark. A.(2019, January 4). Cuando una relación causa ansiedad. Extraído de https://aliciaclarkpsyd.com/when-a-relationship-causes-anxiety/

Janice. M (2017, Dec. 6) Extraído de https://www.google.com/amp/s/m.huffpost.com/us/entry/9220678/amp

Matty.M. (2017, July 1) Cómo resolver el conflicto en una relación. Extraído de https://pairedlife.com/problems/How-to-Resolve-Conflicts-in-Relationships

Selma (2017, Dec. 9) 11 cosas que mereces de una relación. Extraído de https://thinkaloud.net/2017/12/09/11-things-you-deserve-from-a-relationship/

Smith. K.(n.d) Relación romántica angustiosa. Extraído de https://www.psycom.net/anxiety-romantic-relationships/

Made in United States
Troutdale, OR
09/08/2023